Haushalt
Der Grundkurs

Brigitta Hügel

Haushalt

Der Grundkurs

Bassermann

Für Lennart.
Und Dank an Hans, der nicht nur die Theorie des Haushalts beherrscht, sondern sie in der Praxis auch gleichberechtigt anwendet.

ISBN 978-3-8094-2701-8

Umschlaggestaltung: Atelier Versen, Bad Aibling
Innengestaltung: Epsilon2, Konzept & Gestaltung, Mundelsheim
Zeichnungen: Felix Eckardt, Hamburg
Redaktion: Ulrike Rudolph, Birte Schrader
Herstellung: Sonja Storz

Satz: Epsilon2, Konzept & Gestaltung, Mundelsheim
Druck und Bindung: Těšínská tiskárna a.s., Česky Těšín
Printed in the Czech Republic

579 069260105X 817 2635 4453 6271

Inhalt

Ein paar Worte vorweg 7

Verantwortung übernehmen 8

Wie sieht das denn hier schon wieder aus?
Grundhaltung 9

Der Zeitfaktor 11

Ihre eigene „Baustelle“: Den Haushalt in den Griff bekommen 15

Für Minimalisten:
Liste der wirklich notwendigen Tätigkeiten 19

Der Fahnder:
Wie man aufräumt und putzt 20

Ordnung auf dem Schreibtisch 23

Vom Umgang mit Zeitschriften und Katalogen 26

Staubsaugen, aber richtig 26

Einmal drüber und schon sauber?
Die Küchenreinigung 31

Vorräte und Schädlinge 34

Der Kühlschrank 35

Die „Wissenschaft“ vom Abwaschen 37

Splish, splash ...
Das Badezimmer 42

Durchaus ätzend: Reinigungsmittel 44

Alle Schmutzstellen erwischen 45

Es werde licht!
Fenster putzen 46

Der Klassiker: Methode 1 47

Der Profitipp: Methode 2 48

Der Mikroputz: Methode 3 49

Die meisten Unfälle 49

Mein wunderbarer Waschsalon:
Wäsche waschen 51

Kleine Wäschekunde 52

Gut gelegt ist halb geplättet:
Das Bügeln 61

Das Bügeln eines Oberhemds 64

Das Bügeln einer Hose 65

Tintenkiller und Fleckenteufel:
Die Fleckenapotheke 68

Wie aus dem Ei gepellt:
Kleiderpflege 70

Knöpfe annähen 71

Nähte und sonstige Maßnahmen 72

Das passt doch auch noch rein:
Koffer packen 74

Extratipps für Flugreisen 75

Ohne Moos nix los: Vom Umgang mit Geld 79

Soll und Haben:
Das Haushaltsbuch 81

„Ja, mach nur einen Plan …“
Die Bugetberechnung 82
Einfache Geldeinteilung 85

Spurensuche in Notfällen:
Wenn am 15. schon der Letzte ist 87
Wo könnte man sparen? 89
Vom Umgang mit der Bank 102
Kreditkarten – nicht überall gern gesehen 107

Der Weg zum 1-Sterne-Koch:
Vom Topf zum Menü 109

Auf jeden Topf passt ein Deckel:
Küchengeräte 110

Muss man denn vom Fußboden essen?
Hygiene in der Küche 114

Ohne sie wirds brenzlig:
Planung in der Küche 116

Methode Eichhörnchen:
Einige nützliche Vorräte 117

Jetzt gehts zur Sache:
Das Kochen 118
Mengen und Maße 118
Das Abschmecken 119
(Junges) Gemüse zubereiten 121
Fleisch, gebraten und gesotten 127
Einfache Dinge, die man aber wissen muss 130
Soßen selber machen 133
Damit schinden Sie Eindruck: Superrezepte 136

Hauptsache gesund!
Von Notfällen und allerlei Heilmitteln 145

Alarm, Alarm!
Erste Hilfe 146

Dr. Sommerfeld empfiehlt:
Die Hausapotheke 147

Im Zweifelsfall fragen Sie Ihren Arzt …
Bewährte „Wundermittel“ 148

Es gibt noch so vieles …
Ein paar Worte zum Schluss 155

Textnachweis 156
Register 157

Ein paar **Worte vorweg**

Sie haben dieses Buch also von Ihrer Mutter geschenkt bekommen. Oder von Ihrer Freundin – mit einem viel sagenden Grinsen. Oder Ihre Schule hielt es für einen besonders passenden Buchpreis zum Abschluss?

Sie haben es geschafft: Sie haben nicht nur eine Lehrstelle ergattert oder einen Studienplatz, sondern es ist Ihnen auch gelungen, die erste eigene Wohnung zu bekommen, nachdem Sie – ebenfalls das erste Mal im Leben – das Wunder eines Sonnenaufgangs erleben durften (weil Sie mit der druckfrischen Ausgabe der örtlichen Zeitung in der einen und dem Handy in der anderen Hand zu nachtschlafender Zeit potenzielle Vermieter aus dem Bett geläutet haben).

Und dann haben Sie dieses unschuldige Büchlein zum Ausgleichen unter das Bein des wackelnden Küchentischs geschoben. Sie hatten es vergessen; denn wozu brauchen Sie schon Haushaltstipps – bei dem bisschen Haushalt?

Ein zufälliger Fund beim Frühstück ...

Bis Ihnen eines Tages beim morgendlichen Freischaufeln eines Plätzchens für Ihre Cornflakes das ganze auf dem Tisch gestapelte Geschirr zu Boden fällt. Sie knien am Boden, um einige wie durch ein Wunder heil gebliebene Teller aufzuheben (in Wirklichkeit war es die wie eine elastische Plastikhaut wirkende getrocknete Tomatensoße, die größeren Schaden abwandte), und Ihr Blick fällt auf dies Buch. **Vorsicht** beim Herausziehen!

Da die Zeitung heute nicht gekommen ist (es ist Donnerstag und schlauerweise studieren Sie in einem Bundesland, in dem katholische Feste Ihnen erheblich mehr Feiertage bescheren als anderswo), blättern Sie müßig in diesem Buch. Nicht ganz so spannend wie „Der Herr der Ringe“, aber auch nicht ganz so dick (merke: Man kann nicht alles haben im Leben. *You can't have the cake **and** eat it,* wie der Engländer sagt – ihn essen und zugleich behalten wollen ist unmöglich. Krümeln allerdings können Sie – schauen Sie sich mal Ihren Küchenfußboden an. Wenn er überhaupt noch zu sehen ist ...).

Dieses Buch will Ihnen dabei helfen, Ihr bisschen Haushalt in den Griff zu bekommen. Während Sie das lernen, wird Ihre Hochachtung vor Ihrer Mutter steigen – bei ihr wirkte alles so mühelos … (Geben Sie es zu: Sie hatten sie heimlich im Verdacht, den ganzen Tag über Zeit zum Fernsehen, Telefonieren und Haarewaschen zu haben und nur aus kosmetischen Gründen über die Hausarbeit zu stöhnen. „Was macht sie bloß den ganzen Tag?", ist eine beliebte Männerfrage.)

Sie bekommen einen anderen Eindruck, wenn Sie selbst klar Schiff machen müssen – und dabei haben Sie weder Ehemann noch Sohn mitzuversorgen, und vermutlich ist Ihre erste Bude auch etwas kleiner als Ihr Elternhaus. Jetzt sind Sie selbst für alles verantwortlich.

Sie können also Selbstgespräche führen: „Wo sind denn verdammt noch mal meine Socken schon wieder?" (wahlweise „mein Schlüssel", „meine Brille", „mein Portemonnaie" – dieses Spiel macht in vielen Varianten Spaß).

Sie erinnern sich vielleicht noch an Pippi Langstrumpf? Als Thomas und Annika sie fragen, wie sie denn rechtzeitig ins Bett kommt, wo sie doch niemanden hat, der sie daran erinnert? Sie antwortet, dass sie es sich selbst sagt – zuerst ganz freundlich, dann, wenn sie nicht gehorcht, drohe sie sich selber Haue an.

Verantwortung übernehmen

Erfahrungshintergrund der Autorin

Ich möchte Ihnen dabei ein bisschen helfen. Ich weiß in etwa, wie viel Haushaltskenntnisse ich bei Ihnen voraussetzen kann, denn ich habe eine Feldstudie betrieben. Da ich Abiturienten über ihre Berufs- und Studienwahl berate und auch die Mitschüler meines Sohnes befragen konnte („Sag mal, Alex, kannst du bügeln?" „Äh, ja, hmm, ein bisschen." Junge männliche Stimme aus dem Hintergrund: „Verräter! Sag nichts! Themenwechsel!"), weiß ich, dass Söhne selten im Haushalt mithelfen müssen und dass kaum ein Tipp zu einfach ist.

Man kann selbstverständlich Nudeln auch mit kaltem Wasser aufsetzen – aber dann darf man sich nicht beklagen, wenn sie später eigentümlich weich und pappig sind. Den Linoleumküchenfußboden kriegt man tatsächlich auch mit Vim-Scheuersand richtig sauber – bloß darf man dann nicht jammern, dass man sich nicht drin spiegeln kann …

Graue Theorie? Oder überbordende Fantasie einer Ratgeberschreiberin? Mitnichten – beides mitten aus dem Leben gegriffene „wahre Geschichten".

Wenn ich einen Videorekorder gekauft habe, dann stehe ich mit der Gebrauchsanweisung in der Hand da und gräme mich, weil ihr erster Satz lautet: „Stellen Sie die Programmplätze ein." Wenn ich nun nicht weiß, was Programmplätze sind (und ich erzähle Ihnen dies, damit sich in unserem „Geneigter-Leser-liebe-Ratgeberin"-Verhältnis wieder ein Gleichgewicht einstellt und Ihr Selbstbewusstsein sich aufrichtet – denn Sie wissen das selbstverständlich), dann sehe ich ganz schön alt aus.

Die Programmplätze des Haushalts

Mit diesem Buch möchte ich Ihnen die Programmplätze des Haushalts erklären. Und glauben Sie mir: Es ist gar nicht so schwer – wenn man weiß, wie es geht.

Ich will keinen „Supermann des Haushalts" aus Ihnen machen – es reicht schon, wenn jemand zu Ihrem Haushalt sagt „Super, Mann!". Und warum sollten Sie das nicht selbst sein?

Wie sieht das denn hier schon wieder aus?

Grundhaltung

Sie wünschen sich ein ordentliches, aufgeräumtes und sauberes Heim? Oder ist Ihnen das eigentlich völlig egal, aber im Treppenhaus ist es recht kalt und Sie möchten endlich mal wieder in Ihre Wohnung? Wenn sich diese verdammte Eingangstür bloß nicht durch die dahinter gestapelten Zeitschriften so schwer öffnen ließe!

Womit ich schon bei einem wirklich bedeutenden Thema wäre: dem Wegwerfen. *Ordnung ohne Trennungsschmerz ist kaum vorstellbar.*

Die Amerikaner haben den Charme der Einfachheit und des Verzichts entdeckt: „Simple Abundance – Einfachheit und Fülle", „Living The Simple Life – In Einfachheit leben", „A Woman's Guide to a Simpler Life – Zeit für mich selbst. Erkennen, was wirklich zählt", um nur ein paar Lifestyle-Bücher zu nennen.

Und es ist ja auch durchaus etwas Faszinierendes an der schlichten Schönheit etwa der Gebrauchsgegenstände der

Shaker – keine Schnörkel, nichts Überflüssiges. Die funktionell und sparsam möblierten Räume atmen Ruhe und Frieden. Was für ein Unterschied zu den Bergen von – nun, nennen wir es netterweise Gebrauchsgegenständen, die sich da in Ihrem Zimmer stapeln.

Ach so? Sie sind ein Sammler? Und fast alles ist einfach zu schade zum Wegwerfen – ja gut, der Plattenspieler braucht eine neue Nadel, aber die lässt sich ja vielleicht ersetzen – und eigentlich ist er doch noch ganz okay, genau wie der angeschlagene Teller, ich meine, der ist immerhin von Ihrer Erbtante und könnte ja noch mal wertvoll werden, und die Zeitungen, die werden Sie demnächst an einem Regentag schon noch durchsehen, und überhaupt: Was soll das Gemecker? An all diesen schönen Sachen hängt schließlich Ihr Herz, und sie mögen kaputt, veraltet, hässlich oder unbrauchbar sein, doch sie haben einen großen Erinnerungswert für Sie! Wie komme ich also dazu, das einfach als Schrott zu bezeichnen?

Heben Sie nicht alles auf!

Nur manchmal des Nachts, wenn Sie im Dunkeln über dieses wuschelige Ding gestolpert sind oder sich an einer blöd in der Gegend herumstehenden Kiste den Zeh so schmerzhaft gestoßen haben, dass Sie nicht mehr einschlafen können – da beschleicht Sie diese namenlose Furcht. Ihnen fällt ein Artikel aus der Tageszeitung ein, wonach ein alter Sonderling in seiner völlig zugemüllten Wohnung von seiner bis an die Decke gestapelten Habe erschlagen wurde, und diejenigen, die ihn nach Tagen fanden, sich erst durch seine pittoreske Sammlung von 2375 leeren Margarineschachteln graben mussten, ehe sie ihn erreichten.

Sie haben das Gefühl, keine Luft mehr zu bekommen, und fangen an zu grübeln, ob es wirklich völlig in Ordnung ist, dass die Hersteller von Videogeräten/CD-Playern/Camcordern/Konsolen/Handys (ich könnte die Liste beliebig fortsetzen, aber dann würde dies Buch zu dick) von Ihnen verlangen, die leere „Umverpackung“ aufzuheben, damit Sie im Schadensfall einen Garantieanspruch erheben können …

Übrigens sind auch „Keller“ und „Dachboden“ keine Synonyme für „Müllkippe“! – Und nun kommen Sie!

Um Ordnung in der Wohnung zu halten (nachdem Sie die Hälfte des ganzen Krams endlich rausgeworfen haben) und es einigermaßen sauber zu haben, ist es wichtig, dass man nicht nur ab und zu einen gewaltigen Kraftakt startet (früher nannte man das „Frühjahrsputz“, nach dem man dann völlig fertig war), sondern dass man konstant ein bisschen was tut. Täglich.

Konstant ein bisschen was tun

Dann kommt man mit relativ wenig Zeit hin, und es sieht immer einigermaßen passabel aus.

Der **Zeitfaktor**

Viele Menschen, die im Chaos versinken, haben kein richtiges Zeitgefühl. Sie schätzen die Zeit falsch ein, die sie brauchen werden, um eine Aufgabe zu erledigen. Sie wollen wissen, wie viel Arbeit in etwa auf Sie zukommt in Ihrem eigenen Haushalt?

Nun – natürlich ist alles relativ: Wenn jemand glaubt, wahre Sauberkeit bestehe darin, dass man vom Fußboden essen kann, muss er natürlich ein paar Stündchen mehr investieren, um diesem seltsamen Ziel näher zu kommen.

Für alle, die einen Esstisch ihr Eigen nennen (und nicht wissen, wie der berühmte Glacéhandschuh geschrieben wird, mit dem in manchen Romanen die Schwiegermutter beim Besuch prüfend über die Vitrine fuhr oder „humorvoll“ ihren Namen in den dort liegenden Staub schrieb), für all diejenigen also, die sich so durchs Leben mogeln und gerade nur so viel tun wollen, um eben damit durchzukommen, gibt es *Minimalempfehlungen*, die ich gleich auflisten werde.

Zeit für Hausarbeit nicht überschätzen

Man neigt leicht dazu, die Zeit völlig falsch einzuschätzen, die man für die Hausarbeit braucht. Bei anderer Arbeit ist das übrigens ähnlich. Das, was man am wenigsten gern tut, kommt einem am aufwendigsten vor und man schiebt es vor sich her. Man jammert rum („Ich müsste eigentlich arbeiten!“), fühlt sich völlig gestresst allein schon bei dem Gedanken an das, was anliegt, und nervt seine Umgebung damit. Werden Sie misstrauisch, wenn Sie Aufmunterungsbücher mit Titeln wie „Für Menschen, die zu viel arbeiten“ oder Ähnliches geschenkt bekommen – es könnte schiere Ironie sein.

In einer englischen Ausgabe der „Cosmopolitan“ aus den Siebzigerjahren stand ein Artikel über „procrastinators“, Typen, die alles vor sich herschieben, mit der Karikatur einer schlampigen

Frau im fleckigen Bademantel, Lockenwickler im Haar und einer Zigarette im herabgezogenen Mundwinkel, in der Gedankenblase ihre Traumvorstellung von einer Hausfrau: adrett mit weißer Schürze, gepflegten Locken und geschminkt, fröhlich und zupackend das blitzblanke Geschirr aus einem Schaumberg in der Geschirrspüle herausnehmend.

Na gut – Sie sehen sich weder mit Lockenfrisur noch mit weißer Rüschenschürze, und blinkendes Geschirr ist auch nicht das Traumziel Ihres Lebens. Aber haben Sie sich einmal klar gemacht, was passiert, wenn Sie nach dem Essen das Geschirr weder abwaschen noch wegräumen? Sie brauchen später erheblich mehr Zeit, wenn Sie versuchen, die eingetrockneten Soßenreste abzukratzen (vom Mehrverbrauch an Wasser und Spülmittel ganz zu schweigen).

Aufschieben kostet seelische Energie

Es ist weder appetitlich (nach ein paar Tagen und einigen artgerecht gehaltenen dicken Schmeißfliegen sogar ungesund – ein regelrechtes Freigehege für Bakterien) noch ästhetisch oder praktisch (man kommt nirgends mehr ran, wenn alles zugestellt ist!) – und die seelische Belastung durch eine nichterledigte Aufgabe ist höher, als wenn man gleich die Ärmel hochkrempelt – Energieumleitung statt Gegrusel!

Es gibt Menschen, die Weltmeister in dieser Procrastinator-Technik sind: im Kino jaulen sie, dass sie eigentlich arbeiten müssten; beim Besuch jammern sie, dass sie eigentlich arbeiten müssten; beim Spazierengehen – Überraschung! – jammern sie, … und später sind sie vom ständigen Denken an die noch nicht getane Arbeit so vollständig erschöpft, dass sie bedauerlicherweise nicht imstande sind, etwas zu arbeiten, obwohl sie ja *eigentlich* …

Meine Devise ist: „Tu es – oder halte den Mund."

„Sie haben das Mädchen nicht selbst gesehen, Mr. Peveril?" „Nein, ich habe gearbeitet." Peveril war einer von jenen Männern, die über Arbeit und Arbeiten sprechen, als wenn diese Fron ausschließlich sie betrifft und ein anstrengendes, niederdrückendes Kreuz ist, das sie schleppen müssen, während der Rest der Menschheit sorglos Urlaub macht …

Ruth Rendell: Some Lie And Some Die, S. 49

„Wehret den Anfängen!" ist ein Motto, das durchaus in der Haushaltsorganisation zu gebrauchen ist. Wie es ein Amerikaner mal formulierte: Es ist besser, statt drei Tage lang einem entlaufenen Hund hinterher zu suchen, sich drei Sekunden Zeit zu nehmen, um die Tür richtig zuzumachen.

Aufschieben kostet körperliche Energie

Wie viel länger dauert es, ein knochentrockenes Oberhemd zu bügeln, weil man zu faul war, es im bügelfeuchten Zustand von der Leine zu nehmen? Oder Kalkablagerungen vom Glas der Duschkabine zu kratzen, anstatt die Tropfen sofort in Sekundenschnelle mit einem Lappen wegzuwischen?

Ich denke, die Botschaft wurde verstanden?

Ihre eigene „Baustelle“:

Den Haushalt in den Griff bekommen

Ich habe viele Haushaltsbücher gelesen, die einem praktische Arbeitsorganisation erklären wollten – und eine Weile war ich davon immer ganz begeistert.

Ich putzte die Wohnung nach der *„Mount-Vernon-Methode"* von Rosemary Felton, indem ich mir ein Fotoklappbuch besorgte und darin Karteikarten mit allen anfallenden Arbeiten einschob.

Zeitmanagement im Haushalt?

Dann legte ich mir nach einer anderen Methode ein höchst kompliziertes Zettelkastensystem an, wo die Arbeiten nicht nur in: täglich, wöchentlich, monatlich, vierteljährlich usw. aufgeteilt wurden, sondern auch noch Zeitwerte erhielten, die mich ermutigen sollten, „kleinere Arbeiten" von drei Minuten Dauer nebenbei zu verrichten, wenn man bei größeren Projekten gerade mal die Hände frei hatte. (Das hat bei mir allerdings nicht funktioniert – ich kam mir so hektisch vor wie die Mutter in der Soap-Opera „Eine starke Familie", als sie neben Familie und eigenem Kosmetiksalon ihren College-Abschluss machen wollte und dafür ihren Haushalt straff durchorganisierte. „Ping!" machte der Küchenwecker und erinnerte alle halbe Minute an irgendeinen anderen erforderlichen Handgriff, „ping!", „ping!", „ping!")

Was mir in Erinnerung geblieben ist aus einem Buch der Siebzigerjahre (geschrieben von Carol G. Eisen), ist das *„Elizabeth-Taylor-Wer-hat-Angst-vor-Virginia-Woolf-Notfall-Saubermachen"* – wobei mir eher der literarische Titel als die Methode imponierte: Man schloss sämtliche Türen zu Zimmern ab, die ein Gast nicht sehen sollte – das geht natürlich schlecht bei einem Einzimmerappartement – rümpelte alles, was nicht an seinem Platz war, in einen Karton (den man auch wegschloss) und putzte den gröbsten Dreck an den Stellen weg, die der Gast vermutlich sehen würde, zum Beispiel im Badezimmer oder Flur. Diese Methode kommt Ihnen bekannt vor? Sie haben auch immer, wenn Ihre Mutter „Aufräumen!" sagte, alles hastig in den Schrank oder unter das Bett gestopft? Und dann hat sie sich eines Tages erbarmt und es für Sie getan? Und schrieb in ihr Tagebuch:

> **Außerdem bin ich reizbar, weil ich mich über Bens Zimmer hergemacht habe, beziehungsweise es über mich. Wenn ich es jetzt nicht unter Kontrolle bekomme, könnte es sich über das übrige Haus ausbreiten**

und uns alle vernichten. Ben veranstaltete einen Mordslärm mit dem Staubsauger, die Wirkung jedoch war gering, hauptsächlich deswegen, weil er ihn mitten auf dem Boden rumstehen ließ, während er da stand und den Schlauch über dem Kopf herumwirbelte, um ihn zum Summen zu bringen. Als ich seine Schränke aufmachte, fielen zweiundvierzig funkelnagelneue Patisserieschachteln heraus. Es war mir nicht möglich, herauszubekommen, wo sie herkamen oder was mit ihnen geschehen sollte. Auf meine Frage erklärte Ben, er habe keine Ahnung. Sind sie vom Lastwagen gefallen?, sagte ich. Kann man sie schnüffeln, spritzen, rauchen? Planst du einen neuen EG-Patisserieschachtelberg? Doch eine Antwort bekam ich nicht.

Jill Tweedie: Aus der Stille vor dem Sturm , S. 25 f.

Aber irgendwie laufen auch die lustigsten Aufräummethoden bei genauerem Hinschauen auf recht umfangreiche Putzpläne hinaus, unter einer Stunde Arbeit pro Tag ist da nie was zu machen – und wer hat schon so viel Zeit?

Da gefiel mir der Ansatz einer talentierten englischen Laienhausfrau schon besser, die so tat, als sei sie *ihre eigene Putzfrau*: Sie schlüpfte in deren Rolle, band sich eine Schürze um, stellte den Küchenwecker, und wenn der dann klingelte, „ping!“, band sie die Schürze wieder ab *und ging nach Hause*. Kapiert? (Das klappte bei mir bis zu dem Tag, wo ich mich feuerte …)

Ein wirklich brauchbarer Tipp, wenn man keine Lust zum Aufräumen und Saubermachen hat: *Laden Sie sich Gäste ein!*

Das kann die Schaffenskraft ganz ungemein beflügeln – wobei es natürlich sehr auf den erwarteten Gast ankommt: Es ist wahrscheinlich, dass das Staubtuch erheblich genauer über die Möbel wirbelt, wenn Sie Ihren Chef nebst Gattin erwarten als wenn Ihr Freund Alex ankündigt, demnächst vorbeizuschauen – denn gegen seine Bude gewinnen Sie noch in Herberts Elite-Hausfrauenwettbewerb.

Eines Tages saß das erste kleine Schweinchen gerade da und las in der Zeitung die Tabelle mit den Ankunfts- und Abfahrtszeiten der Schiffe, da hörte es ein Klopfen an der Tür. Als es öffnete, sah es einen ältlichen Wolf, der eine Aktentasche trug.
„Fürchten Sie nichts, kleine Schweinefrau", sagte der Wolf, der ihre Bestürzung wahrnahm. „Ich bin nicht gekommen, um Sie zu fressen, denn ich muss wegen meiner Jahre eine Diät mit niedrigem Cholesterinspiegel einhalten. Vielmehr bin ich ein Angestellter von Herbert, dem Elite-Hausfrauen-Service, der die perfekte Hausfrau finden will, erster Preis: eine Million Dollar sowie eine vollbezahlte Reise nach Paris."
„Ach du liebes bisschen", sagte das erste kleine Schweinchen – es hieß übrigens Marjorie –, „mein Haus ist heute in einem ganz fürchterlichen Zustand. Verstehen Sie, ich bin der Ansicht, das perfekte Heim schaffe ich nicht dadurch, dass ich ständig den Küchenboden schrubbe, sondern indem ich mein Interesse an den Ereignissen in der Welt wach halte, damit mein Universitätsstudium nicht umsonst war."

Carol G. Eisen, Das Märchen vom perfekten Haushalt, S. 12

Kennen Sie Parkinsons Gesetz? Er hat es für die Bürokratie formuliert, aber es hat überall Gültigkeit: „Arbeit dehnt sich aus um die zur Verfügung stehende Zeit." („Work expands to fill the time available". C. Northcote Parkinson).

Es gibt Leute, die mit 15 Minuten pro Tag für den Haushalt hinkommen, weil sie so viel anderes zu tun haben.

Das mag dann der *„Panik-Aufräum-Methode"* in einer alten „Cosmopolitan" ähneln, das eine Ehefrau veranstaltete, bevor ihr Mann von der Arbeit nach Hause kam.

Männer und Frauen sehen Ordnung anders

„When it comes to housework, women worry about dirt and men worry about disorder" war ihre Erkenntnis – zu Deutsch: Frauen stören sich an Dreck, Männer an Unordnung (d. h., sie nehmen den Dreck erst in viel größeren Mengen wahr).
Deshalb lautete ihr pfiffiger Vorschlag:

1. Eingangsbereich von allen herumliegenden Gegenständen befreien;
2. alles schmutzige Geschirr in den Geschirrspüler räumen, alle Arbeitsflächen freiräumen und sauberwischen;

3. im Wohnzimmer alle Zeitungen und Bücher säuberlich auf einen Stapel schichten, alles wegräumen, was auf dem Boden oder auf der Couch rumfliegt, Kissen aufschütteln, Lampe anschalten, sanfte Musik aus der Stereoanlage einstellen;
4. im Schlafzimmer die Türen der Schränke schließen (nachdem man die Klamotten weggehängt hat) und das Bett machen.

Die Panik-Aufräum-Methode

Natürlich geht das nur eine gewisse Zeit gut: Wenn sich Ihre Hose nicht mehr von der Sitzfläche des Küchenstuhls lösen lässt, müssen Sie wirklich auch putzen – was sich dann aber auch lohnt. Am besten ist es also, wenn man ständig ein bisschen tut, und zwar täglich.

Für Minimalisten:
Liste der wirklich notwendigen Tätigkeiten

Täglich:

- Bett machen
- Kleidung aufhängen
- Getragene Wäsche in den Wäschesack stecken
- Esstisch abräumen
- Abwaschen oder Geschirrspüler einräumen
- Flecken vom Herd, Tisch, Waschbecken wegwischen
- Zeitung rausbringen
- Küchenmüll entsorgen

Etwa alle 3 Tage:

- Staubsaugen der „Laufschneise" (bei wenig Besuch reicht auch 1 x die Woche)
- Wäsche waschen oder in den Waschsalon tragen, trocknen/bügeln und einsortieren
- Waschbecken und Toilette putzen

Wöchentlich:

- Teppichboden saugen
- harte Böden saugen
- Möbel staubwischen
- Spiegel putzen
- Spüle putzen
- Dusche oder Badewanne säubern
- Toilette putzen
- Bettwäsche wechseln (hoher Standard)

Monatlich:

- Spinnweben entfernen
- harte Böden feucht wischen
- Küchenfront abwischen
- Mülleimer auswaschen
- Abflussreiniger in die Abflüsse, über Nacht
- Polster absaugen
- Kühlschrank abtauen
- Kacheln im Bad putzen

Vierteljährlich:

Hausfrauen wären natürlich gründlicher

- (Möbel mit Politur behandeln)
- Backofen saubermachen
- Fenster putzen

2 x jährlich:

- Gardinen waschen
- (Schränke auswischen)
- Türen feucht abwischen

Sie können sich diese Arbeiten auf Karteikarten schreiben und an den großen Kalender in der Küche pinnen. Natürlich würde eine echte Hausfrau tausend Dinge mehr finden, die zu tun sind – aber sie hat ja auch einen Full-Time-Job.

Der Fahnder:

Wie man aufräumt und putzt

Man braucht:

Staubsauger (Luxus wäre: ein Miele-Zusatzset für Staubsauger auch anderer Marken, das kostet etwa 30 €),
Staubwedel,
Staubtuch oder Swiffer-Tücher (gibt es in der Drogerie),
feuchtes, gut ausgedrücktes Schwammtuch,
Haushaltspapier,
flüssiger Allzweck- oder Neutralreiniger,
Eimer, eventuell auch ein leeres Schraubglas mit Deckel,
Henkelkorb

Im Eimer kann man die Reinigungsmaterialien transportieren, dann brauchen Sie nicht wegen jedem Ding zum Besenschrank – oder wo immer Sie das Zeug aufbewahren -, zu laufen.

Falls Sie Raucher sind (was ich nicht hoffe!), können Sie ein ausgewaschenes Gurkenglas mit Schraubdeckel dabei haben und die Kippen da hineinleeren. Igitt – aber der kalte Rauch am Morgen danach stört ja einen passionierten Raucher nicht – eigentlich hätte man den Aschenbecher schon gleich am Abend leeren sollen. Andererseits wirkt ein Aschenbecher voller Kippen natürlich auch wie ein Dokument für vorangegangenen Stress, Arbeitseinsatz und Wichtigkeit.

Vor dem Putzen sollten Sie aufräumen

Wie so oft im Leben gibt es verschiedene Meinungen, wie man nun konkret beim Putzen vorgeht. Einig sind sich alle, dass es äußerst nützlich ist, *vor dem Säubern aufzuräumen.*

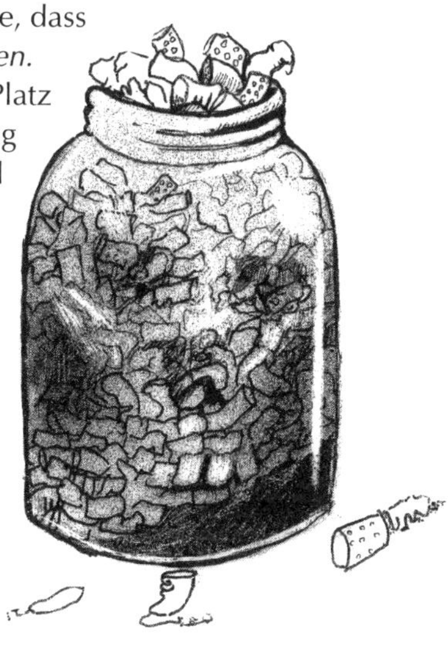

1. Man kann gleich beim Aufräumen alles an seinen Platz stellen (dann können Sie sich an diesem Tag Ihre Joggingstunde schenken, denn Sie werden viel hin- und herflitzen).
2. Man kann auch in jedem Zimmer eine Extrakramschublade haben, in die man alles, was nicht ins Zimmer gehört, reinpackt. An einem düsteren Novembertag setzen Sie sich dann an diese Schublade und beginnen, den Inhalt an seine angestammten Plätze zu stellen. Das bringt etliche Entdeckungen und manchmal auch Wiedersehensfreude – erscheint mir aber nicht so immens praktisch, weil man sich a) in der Zwischenzeit vielleicht schon den dritten Korkenzieher gekauft hat, b) man die wenigen Schubladen, die man besitzt, besser für etwas anderes nutzt, und c) vieles gar nicht in die Schublade reinpasst, was das Zimmer besonders vollrümpelt (zum Beispiel die 135 Computerzeitschriften, die Sie alle irgendwann noch mal auswerten wollen ...)
3. Sinnvoll erscheint mir, die oben empfohlene Ausrüstung durch einen Henkelkorb zu ergänzen – da kommen die Dinge hinein, die nicht ins Zimmer gehören, und man räumt sie nach der Säuberungsaktion gleich an ihren Platz.

Witzig finde ich den Tipp von Sarah Ban Breathnach:

> Um endlich Ordnung in unser Heim zu bringen, habe ich vier altmodische Regeln für Sie ausgegraben, die Ihrem Leben schon heute eine neue Dimension verleihen können. Wiederholen Sie dieses Rezept für die Verbesserung Ihres Wohlbefindens jeden Morgen und Abend laut, einundzwanzig Tage lang. Es sollte Ihr persönliches Mantra werden … Schreiben Sie die Anleitung auf Karteikarten und bringen Sie diese gut sichtbar in jedem Raum an …
>
> 1. Wenn du etwas herausnimmst, lege es wieder zurück.
> 2. Wenn du etwas öffnest, schließe es wieder.
> 3. Wenn dir etwas heruntergefallen ist, hebe es wieder auf.
> 4. Wenn du etwas heruntergenommen hast, hänge es wieder auf.
>
> Sarah Ban Breathnach, Einfachheit und Fülle, S. 246

Man muss ja schließlich Ziele haben! In der Zwischenzeit stehen Sie, energiegeladen und voller Tatendrang, mit Ihrem Eimer voller Putzwerkzeug im einigermaßen aufgeräumten Zimmer und wollen anfangen.

Ja, und da komme ich wieder auf *die beiden großen Schulen* des Saubermachens zu sprechen:

Methodenstreit beim Staubsaugen

Die einen raten, immer von oben nach unten zu arbeiten beim Säubern, bevor man mit dem Staubsaugen beginnt. Das hat den Vorteil, dass aller Staub und Dreck dabei nach unten fällt, und man ihn nachher mit wegsaugt.

Die andere Schule behauptet, dass man beim Staubsaugen Dreck aufwirbelt, der sich dann wieder über die frisch gewischten Möbel legt, und empfehlen daher, die Prozedur mit dem Staubsaugen zu beginnen.

Ich glaube, es ist herzlich egal, ich verfahre aber nach Methode eins. Ich wische also erst Staub, hole mit einem *Staubwedel* die Spinnweben vom Stuck an meiner Decke (da sie fast vier Meter hoch ist, habe ich einen Staubwedel mit ausziehbarem Teleskopstiel), dann wische ich mit dem *feuchten, aber gut ausgedrückten Schwammtuch* größere Flecken von allem, was nicht aus Holz ist (das mag nämlich keine Feuchtigkeit!), also vom

Metallgestell der Lampe, dem Zeitungsständer usw. (übrigens kann man ab und an auch mal den Telefonhörer abwischen oder die Lichtschalter).

Mit dem *Mikrofasertuch* putze ich dann die Bildröhre des Fernsehers, die Glasplatte des Wohnzimmertisches, vielleicht auch das Fenster.

Für Holz und den CD-Player nehme ich die praktischen *„Swiffer-Tücher"*, die den Staub festhalten, statt ihn aufzuwirbeln, und schmeiße sie nach Gebrauch weg (wann das nötig ist, sieht man.)

Dann nehme ich den *Staubsauger* und das Zusatzset: Mit dem *Bürstenpinsel* sauge ich die Bücher ab (okay – nicht jede Woche), mit dem feinen Pinsel auf dem biegbaren Verlängerungsschlauch kann man sowohl zwischen die Rippen der Zentralheizung kommen als auch die Computertastatur absaugen. Fast alle Staubsauger haben auch eine *Polsterdüse,* mit der Sie die Knäckebrotkrümel aus den Sofaritzen oder vom Sessel saugen können, die Ihnen beim Fernsehen runtergebröselt sind.

Bücherpinsel für Computer

Nach dem Saugen öffnen Sie das Fenster (Staubsaugerluft riecht eigenartig – und von dem Tipp, den Staubbeutel mit feinem Aromaöl zu beträufeln, halte ich auch nichts), nehmen Ihren Eimer, bewegen sich zur Tür und werfen von da aus noch einmal einen zufriedenen Blick zurück. Fertig!

Ordnung auf dem **Schreibtisch**

Etwas möchte ich beim Thema „Aufräumen" doch noch besonders erwähnen: die Ordnung im Schreibtisch und den Umgang mit *Zeitschriften* und *Katalogen.*

Es gibt wirklich Leute, die man hinter ihrem Schreibtisch kaum mehr sehen kann, weil sie um sich herum Berge von Papieren, Büchern, Zeitschriften, Akten, Tesafilm und alles mögliche andere stapeln – und Leute, deren Schreibtisch nicht nur absolut aufgeräumt ist, sondern die mit dem Lineal die Abstände zwischen Zettelkasten und Schreibunterlage abmessen – beides ist irgendwie gruselig!

Falls Sie sich einen neuen Schreibtisch kaufen wollen, werden Sie selbst wissen, ob Sie der Typ sind, der es liebt, sich auszubreiten, und deshalb mehr „Breite als Tiefe" braucht. Natürlich kann es auch funktionieren, wenn man eine Arbeitsfläche wählt, die nach Gebrauch hochgeklappt wird – aber an das Selbstüberlisten glaube ich nicht so recht. Wichtig ist, dass Sie viel Stauraum haben, damit nicht alles obendrauf liegen bleiben muss. Ebenso wichtig ist, dass man weiß, wo man etwas verstaut hat und es auf Anhieb wiederfindet.

Kaufen sie einen *großen Papierkorb* – die kleinen Dinger quellen zu schnell über und machen sofort einen unordentlichen Eindruck. (Sie heißen übrigens Papierkorb, weil man nur Papier reintun sollte – entsorgte Bananenschalen und leer gegessene Joghurtbecher erfüllen das Zimmer recht bald mit einem eigentümlichen Aroma).

Eine *Pinnwand* ist recht praktisch – vor allem, wenn man (fast) nur wichtige Notizen dranhängt, die das Auge auch noch als „neu" und wichtig registriert.

Mythen in Tüten

Irgendwie muss man den ganzen Wust von Papieren, die sich bei einem so ansammeln, geordnet kriegen. Deswegen empfehle ich Ihnen die Anschaffung einer *Hängeregistratur* und vieler *Hängeordner*. Hängeordner gibt es als Ordner, in denen man etwas abheften kann, und als eine Art Tüte. Diese „Tüten" meine ich im folgenden Text, denn sie sind praktisch, weil man einen Beleg einfach nur reinwerfen muss.

Ihr Ablagesystem sollte einfach und verständlich sein. Stellen Sie es in die Nähe Ihres Schreibtisches (oder in den Schreibtisch hinein), Sie sollten es bequem erreichen können.

Sie müssen sich nun überlegen, wofür Sie eine Extra-Hängemappe anlegen wollen.

Sinnvoll sind zum Beispiel folgende Mappen:

- **Steuerbelege**: In diese Hängemappe werfe ich jeden Beleg, von dem ich annehme, dass er mir bei der jährlichen Steuererklärung zugute kommen wird (Ja, Sie müssen auch eine machen, sobald Sie eine gewisse Summe im Jahr verdienen), also Bücherquittungen (mit Autor und Titel), Belege über Briefmarken, berufliche Reisen usw.
- **Garantien**: Es ist sehr ärgerlich, wenn einem der Fernseher, den man sich vor drei Monaten gekauft hat, kaputtgeht – und man den Kaufbeleg und die Garantiekarte nicht findet. Also:

sofort nach dem Kauf zumindest in die Hängeregistratur tun (wo sie eigentlich hingehört, erzähle ich später).

- **Gebrauchsanweisungen**: Die technischen Hilfsmittel werden immer komplizierter, ihre Bedienung auch. Wer weiß schon ganz genau, mit welchen Schritten man den Videorekorder bedient, das Handy umprogrammiert? Die Bedienungsanleitung für den Toaster können Sie von mir aus wegwerfen – die für den Computer heben Sie sowieso auf.
- **Rechnungen**: Erledige ich zu festgesetzten Zeiten (immer mittwochs). Bis dahin lege ich sie in die Hängeregistratur und habe dann alles im Griff.

Hängeordner als Durchgangsstation

- **Bankzubehör**: Da ich kein Freund des Homebanking bin, mache ich alles noch schriftlich. In dieser Mappe habe ich Überweisungsformulare, Postbankbriefumschläge, eine Adressenliste der Banken plus diverser Kontonummern, Briefmarken usw.
- **Beruf**: Hier sammle ich Schriftverkehr mit meinem Arbeitgeber, Gehaltsabrechnungen, Lobesbriefe, wichtige Daten etc.
- **Auto**: Reparatur- und Wartungsbelege, Kfz-Brief usw.
- **Reise**: All die wunderbaren Reportagen über Orte, an die ich irgendwann einmal reisen möchte und die in so funkelnden Farben in Zeitungsartikeln angepriesen werden, hebe ich hier auf.
- **Gesundheit**: Hier liegt der Impfpass, die Beschreibung einer neuen Wunderbehandlung, der Name eines in der Fernsehsendung angepriesenen Orthopäden, Hinweise zu Medikamenten.
- **Ideen**: Meist habe ich im Terminkalender ein paar DIN-A5-Karteikarten, auch neben meinem Bett liegen welche plus Kugelschreiber – falls mir mitten in der Nacht eine tolle Idee kommt. Alles aufschreiben – sonst ist es schnell vergessen. In demselben Hängeordner sammle ich auch Zitate.

Ich miste die Hängeordner alle zwei Monate aus und sortiere sie gleich in **beschriftete Aktenordner.** Von denen habe ich so viel, wie ich Hängeregistraturen habe – die sind ja nur eine Durchgangsstation – und nach zwei Monaten weiß ich, was sich aufzuheben lohnt. Raus aus der Registratur, gelocht, rein in den Ordner. Und wenn dann irgendwann ein Schaden eintritt: ein Griff zu „Versicherungen" und ich weiß meine Kundennummer, den Sachbearbeiter usw.

Vom Umgang mit **Zeitschriften und Katalogen**

Zeitschriften und Kataloge, die stapelweise im Zimmer herumliegen, weil man sie „irgendwann" noch mal genauer durchsehen will, lassen es immer schnell unordentlich wirken. Und das meiste davon ist wirklich überflüssig. In Ordnung, es handelt sich um Ihre Lieblingscomputerzeitschrift, und die wollen Sie sammeln. („Verkaufe die Spiegeljahrgänge von 1978–1999, komplett", findet man manchmal als hoffnungsvolle Annoncen solcher „Sammler" in der Zeitung). Dann kaufen Sie sich wenigstens diese praktischen *Aufstellboxen* für Zeitschriften (möglichst aus Holz oder Acryl – die aus Pappe haben die unangenehme Angewohnheit, recht schnell auszubeulen und auseinander zu fallen). Zeitungsstapel fressen nämlich Platz! Was meinen Sie, wie oft Sie wirklich wieder reinschauen werden, sich noch erinnern können, wo eigentlich dieser interessante Artikel über das Südseetauchen gestanden hat?

Ein nobler Vorschlag für Ihren Umgang mit Zeitschriften: Fragen Sie beim örtlichen Altenheim nach, ob gelesene Exemplare in gutem Zustand erwünscht sind. (Dann sollten sie aber komplett sein, und nicht so aussehen wie die räudigen Exemplare in manchen Arztpraxen.)

„Später" ist ein schlechter Ratgeber

Wenn Sie aber etwas herausreißen wollen: tun Sie es sofort beim Lesen! „Später" ist hier – wie so oft – ein schlechter Ratgeber. Und dann nehmen Sie den Artikel und legen ihn gleich in Ihrer Hängeregistratur ab!

Mit Katalogen sollten Sie noch radikaler umgehen. Da kommen so viele unaufgefordert zu Ihnen, liegen herum und summen Sie an – ja, natürlich wollen sie Sie zum Kauf verführen! Und während Sie blättern, merken Sie plötzlich, wie dringend Sie etwas brauchen, an das Sie zehn Minuten vorher noch nie gedacht hatten. Weg damit – das spart Platz und Geld!

Staubsaugen, aber richtig

Das Wichtigste, so versichern uns die Reinigungsfachleute, sind die Matten, die man schon vor der Wohnung im Treppenhaus auslegt, sodass gar nicht erst so viel Dreck hereingeschleppt werden kann, den man dann wieder wegsaugen muss.

(Sehnsüchtig betrachte ich im Edelkatalog für Haushaltswaren das Foto vom englischen Landadeligen, der – dekorativ von Herbstlaub umweht – mit Gummistiefeln und schicker Karomütze seinen Wohnungsflur durch die Haustür betritt – und auf dem Flurboden liegt die lange „Haushaltsmatte" …)

> Die Fußmatte englischer Herrenhäuser lässt Schmutz erst gar nicht herein. Wenn seine Lordschaft mit dem Hund von Spaziergängen durch typisch englisches Schmuddelwetter heimkommt, betritt er sorglos sein Entree. Schmutz und Nässe von Füßen und Pfoten werden mit jedem Schritt gleich am Eingang „abgesaugt".
>
> Pro Idee Katalog

Notfalls tut es aber auch eine *Kokosmatte* vor der Tür, die man übrigens auch hochheben kann, um die kleine vermorrte Gesellschaft hinauszukehren, die darunter ihr Dasein fristet.

Ich vermute, dass Sie es in Ihrem Zimmer, Ihrem Appartement oder in Ihrer Wohnung überwiegend mit Teppichböden zu tun haben. Falls Sie Holzfußboden haben, der noch gewachst und gebohnert werden muss, lassen Sie sich in einem Fachgeschäft über diese Techniken beraten – dazu gehört nämlich auch das Entfernen von altem Wachs mit Stahlwolle. Das ist aufwendig – zur normalen Sauberhaltung reicht es, mit dem Staubsauger – bei dem man die Bürste ausgefahren hat, um das Holz nicht zu zerkratzen – oder einem Staubmopp zu arbeiten.

„Special care" für Linoleum

Für Linoleum und *Kunststoffböden* gilt Ähnliches: Meist hilft ein Bodenpflegemittel, das ins Wischwasser gegeben wird und den Boden mit einem dünnen Schutzfilm überzieht – aber bitte auch hier erst staubsaugen, dann wischen!

Aber zurück zum *Teppichboden*: Eigentlich, denken Sie vielleicht, ist es doch gar nicht so schlimm, wenn ich nicht gerade oft staubsauge – der Schmutz versinkt im hohen Flor des Teppichs, und da sieht es ja niemand … Aber wussten Sie, dass

Staub und Dreck, die sich in den Fasern festsetzen, den Teppichboden richtig kaputtmachen können? Die scharfen Sandkörnchen, die in den Teppich sinken, reiben sich beim Darüberlaufen aneinander und so kann die Faser regelrecht abgeschmirgelt werden. Dass die Farbe davon auch nicht schöner wird, ist noch das kleinere Übel.

Nun hoffe ich nicht, dass Sie sagen: „Ich wohne ja nur zur Miete." Wenn Sie selbst Teppichboden kaufen, wählen Sie unbedingt die beste Qualität, die Sie sich leisten können. Das kostet zwar etwas mehr, aber zahlt sich aus. Wie sagt meine Tante: „ Das meiste kostet es eh schon." Viele gute Teppichböden sind fleckversiegelt.

Einfarbiger Teppich bedeutet Mehrarbeit

Bei der *Farbe* des Teppichbodens muss man aufpassen: Die Beleuchtung im Geschäft kann sie völlig anders erscheinen lassen, und je nachdem wie das Licht fällt, sieht auch die Struktur anders aus. Vermeiden Sie beim Teppichboden helle, einfarbige Ware – es sei denn, Sie möchten Ihre Gäste bitten, unbedingt Hausschuhe mitzubringen (sieht schick zur Abendgarderobe aus!) – oder Sie legen überall Kelims drüber und kräftigen Ihre Sprungmuskulatur.

Aber hüten Sie sich genauso vor dem Gegenteil, dem einfarbigen dunklen Teppich, egal ob braun oder schwarz, wenn Sie nicht ganz wild darauf sind, jedes Krümchen, jeden Fussel, jedes Haar einzeln aufzulesen. Die Welt besteht zum Glück nicht nur aus Schwarz und Weiß: Also seien Sie vernünftig und kaufen sich etwas dezent Gemustertes!

(Ich gehe davon aus, dass niemand auf die Idee kommt, sein Badezimmer oder seine Küche mit Teppichboden auszulegen – es sei denn, man möchte eine Pilzkultur züchten.)

Im Zimmer nehmen Sie dann Ihren Staubsauger … Halt! Ich hoffe, Sie haben erst einmal den Teppichboden inspiziert und gröberen Müll, spitze kleine Gegenstände wie Büroklammern u. Ä. aufgesammelt. Wenn diese Sachen nämlich aufgesaugt werden, gibt es nicht nur ein hässliches Geräusch, sondern sie können Ihren Staubsauger auch verstopfen.

Man braucht nicht jedes Mal alles zu saugen, sondern lieber öfter mal die „Hauptwege", oder Sie saugen, wie es Ihnen gerade in den Kopf kommt, oder Sie betreiben das ultimative Staubsaugen, wie ich es vor 27 Jahren aus der *Brigitte* lernte:

„Der Staubsauger ist zwar eine große Hilfe, dennoch strengt das Arbeiten mit ihm an. Machen Sie es sich deshalb so bequem mit ihm wie möglich und tun Sie keinen Schritt zu viel. Fangen Sie ... an den Türen an. Stellen Sie sich aufrecht hin, nehmen das Saugrohr in die rechte Hand, und saugen Sie fächerförmig um sich herum, so weit Sie reichen. Dann machen Sie einen Schritt nach rechts und saugen den nächsten Fächer. Führen Sie die Düse langsam und ohne Hektik über den Boden, nur dann kann der Staubsauger seine Saugkraft auch richtig entfalten. Bei schwer zugänglichen Ecken, in die Sie mit der Düse nicht hineinkommen, nehmen Sie sie ab und saugen mit dem Rohrende. So arbeiten Sie sich Schritt für Schritt rechtsum vor, bis Sie wieder an der Tür ankommen. Für Linkshänder... gilt das Ganze andersherum."

Brigitte 22/1983

Ich habe leider lange gebraucht, bis ich merkte, dass langsames (ich gebe es zu, ich bin ein ungeduldiger Mensch – also:) **sehr langsames Saugen** viel mehr Erfolg bringt als kräftezehrendes schnelles Hin- und Herfuhrwerken mit dem Staubsauger – dasselbe fand ich über das Bügeln heraus.

In der Regel reicht einmal die Woche ...

Wie oft man Staubsaugen muss? Es kommt natürlich auf die persönliche Empfindlichkeit an, aber eigentlich reicht einmal die Woche (wenn man nicht jeden Tag mit Gummistiefeln direkt aus dem Garten reinlatscht), und Sie brauchen auch nicht immer in der hintersten Ecke zu saugen: Säubern Sie die „Trampelpfade" jedes Mal, und unter den Möbeln und in den Zimmerecken brauchen Sie dann nur jede zweite Woche zu saugen.

Wobei man natürlich die Augen aufsperren muss: Ich habe das Gefühl, dass sich beim Holzfußboden besonders viel Staub unter Stühlen, Vitrinen und Betten sammelt.

Eine wirklich tolle Entdeckung war für mich das Miele-Mikroset (passt auf fast jeden Staubsauger außer Vorwerk). Durch einen beweglichen Schlauch, den man aufsteckt, kann man das Saugrohr verlängern, biegsam und schmäler machen: So kommt man zwischen die Rippen der Heizung und kann dort die kleinen Wollmäuse wegzischen, oder mit dem Pinsel die Tastatur des Computers reinigen oder mit dem Bücherpinsel den Staub von den Büchern absaugen, der sich so schnell oben auf den Seiten sammelt (und den man sonst nur mit der einmal im Jahr stattfindenden Tagesaktion „Wir klappen jedes Buch über der Fensterbank nach draußen aus" wegbekam – wobei die Nachbarschaft nicht nur wegen der Staubwolken den Atem anhielt, sondern auch, weil wir immerhin etwa 10 000 Bücher haben).

Also, die Anschaffung lohnt sich wirklich!

Staubsaugerbeutel muss man wechseln

Egal, welche Staubsaugermarke Sie haben: Ab und zu müssen Sie den *Beutel wechseln,* zum Mülleimer hinaustragen, einen neuen Papierbeutel einsetzen (und den eventuell vorhandenen Filter sollte man auch gelegentlich wechseln). Es gibt Staubsauger, die anzeigen, dass Sie den Beutel wechseln müssen – andernfalls merkt man es daran, dass er nicht mehr richtig saugt. Und sparen Sie nicht am falschen Ende. Der Beutel sollte nicht mehr als halb voll sein, sonst lässt die Saugleistung nach.

Dass man Stecker nie an der Schnur, sondern immer am Stecker selbst rauszieht, hat mein Sohn mir beigebracht.

Schmerzvoll musste ich erst lernen, dass die Taste mit dem Steckerbild drauf zwar – mit dem Fuß gedrückt – die Schnur tatsächlich in Windeseile hereinzieht – einem dabei aber auch den am Ende hängenden Stecker mit Wucht auf die Wade hauen kann. Deshalb halte ich den Stecker jetzt immer mit der Hand fest und trete etwas zögerlicher.

Jeder muss selbst entscheiden, ob er lieber mit dem Bodenstaubsauger oder einem Handstaubsauger arbeitet und was er alles an *Zusatzgeräten* braucht.

Vom Selbstshampoonieren rate ich ab!

Vom *Selbstshampoonieren* eines Teppichs rate ich ab, auch wenn Ihnen große Geschäfte die Maschine dafür leihen.

Zum einen kann man, wenn man zu feucht arbeitet, den Teppichboden in lauter Wellen legen, die auch nach dem Trocknen nicht verschwinden, zum andern können Teppichschäume Allergien auslösen. Das gilt besonders für die Zeit des Reinigens. Teppichschäume enthalten Lösemittel und Konservierungsstoffe, außerdem Duftstoffe. Die Industrie hat jetzt weitgehend auf chemische Lösemittel verzichtet, aber ein Restrisiko bleibt, zumal kein Reinigungsprodukt hundertprozentig wieder rausgesogen werden kann. Außerdem kann durch die Reinigung der Teppich sogar erheblich schneller wieder schmutzig werden, weil auch die Imprägnierung entfernt wurde.

Falls Sie einen *Fleck* auf Ihrem Teppich haben, gilt dasselbe wie für alle Flecken: Gehen Sie so früh wie möglich ran. Tupfen Sie das auf, was Sie mit Haushaltspapier wegbekommen können. Rubbeln Sie nicht wild darauf herum, dadurch können Sie das Problem nämlich noch vertiefen. Arbeiten Sie dann mit Fleckenreiniger immer von außen nach innen – sonst breiten Sie den Klecks noch aus.

Rubbeln Sie Flecken nicht rein

Für kleine getrocknete Flecken ein Tipp: mit Sidolin-Fensterreiniger einsprühen, dann vorsichtig mit Haushaltspapier rausreiben – bei mir klappt das gut, aber ich rate Ihnen doch, vorher an einer möglichst „unsichtbaren" Stelle zu testen, ob das Mittel keine Ränder hinterlässt oder den ganzen Fleck durch Aufhellen noch augenfälliger macht.

Einmal drüber und schon sauber?

Die Küchenreinigung

Man braucht:

Schwammtuch,
Eimer,
Blumenspritze,
Feudel/Putzlappen,
Schrubber (oder Wischmopp),
Neutralreiniger/Essig/
flüssigen Allzweckreiniger

Groß wird sie wohl nicht sein, Ihre erste Küche. Vielleicht ist es eine Einbauzeile, wenn Sie Glück haben, gibt es einen richtigen Herd mit Backofen. Wenn Sie nur eine Doppelkochplatte haben – wie ich in meiner ersten Studentenbude – müssen Sie vor dem Kochen besonders gut überlegen, wie Sie vorgehen.

Hauswirtschafterinnen empfehlen immer wieder die rationelle Planung der Küche, wodurch Sie sich tatsächlich viel Lauferei ersparen. Da Sie sich aber wohl mit einer eingerichteten Küche abfinden müssen, sollten Sie wenigstens den Tipp beherzigen, die Geräte und ihr Zubehör nach *Funktionsgruppen* zu ordnen, also Zusammengehöriges auch zusammen hinzustellen:

Funktionsgruppen bilden

Kaffee, Filter, Filterpapier, Messlöffel gehören zusammen. Spülmittel und Handcreme stehen direkt an der Spüle richtig – und in die Nähe hängen Sie auch das Handtuch. Topflappen zum Herd. Doch jetzt sind wir ja schon beim *Nachher*, dem Aufräumen und Putzen: Es empfiehlt sich, gleich nach dem Kochen bzw. Essen aufzuräumen.

Also: Geschirr abwaschen oder in den Geschirrspüler räumen, gebrauchte Geräte wieder wegpacken, Herdplatte, Küchenzeile und Tisch mit einem feuchten Tuch abwischen. Meist war es das schon, eventuell noch Flecken vom Boden aufwischen und die Küche sieht wieder gemütlich aus.

Ab und zu müssen Sie ein bisschen mehr machen: zum Beispiel die Hängeschränke mit einem feuchten Schwammtuch und etwas Reiniger abwischen – in der Küche setzen sich nämlich recht schnell Fett vom Kochen und Staub auf alle Gegenstände, selbst wenn Sie den Luxus einer Dunstabzugshaube Ihr Eigen nennen.

Meine Empfehlung: Geschlossene Hängeschränke

In Einrichtungszeitschriften werden immer wieder bezaubernd aussehende Vorschläge gezeigt, wie man seine Küche ganz einfach mit Regalbrettern, Hängegittern und ein paar pittoresken Olivenölbüchsen offen gestalten kann, aber ich kann Sie nur davor warnen: Erstens sieht es immer total unaufgeräumt und unruhig aus, zum anderen macht es nicht viel Spaß, seine 24 Partygläser, Tassen, Henkelbecher und was weiß ich ständig abwaschen zu müssen, weil sie klebrig sind. Ich plädiere für geschlossene Hängeschränke, die man feucht abwischen kann (so viel zur Traumküche: Holz – im Landhausstil) – selbst die schicken Glastüren, die ich in meinen Hängeschränken habe, würde ich nicht wieder wählen: da ich viele verschiedene Dekore beim Geschirr habe, sieht es hinter den Glastüren bunt und unruhig aus. Ich kann damit leben – wie mit dem dunkelbraunen *Küchenfußboden* aus Gummi auch – aber auch hier der Rat einer weisen Frau: Nie, nie wieder würde ich einen einfarbigen braunen Küchenfußboden nehmen – man sieht jeden noch so kleinen Fleck darauf, jedes Haar, einfach alles.

Ab und zu sollten Sie mit dem Staubsauger all die kleinen Krümel vom Küchenfußboden aufsaugen und ihn dann auch manchmal feucht wischen.

Dazu geben Sie einen Schuss flüssigen Allzweckreiniger in einen Eimer. Ein Tipp: Es gibt rechteckige Eimer, die sind beim Wischen den runden vorzuziehen, da Sie mit Ihrem *Schrubber* („Meinem was?") besser hineinkommen. Natürlich können Sie sich auch einen Feuchtwischmopp holen oder einen Auspressschwamm am Stiel – das ist ganz praktisch, weil man das Ding mit einem Mechanismus am Griff auspressen kann, ohne auf die Knie gehen zu müssen, um den ollen Feudel (wie es bei uns in Norddeutschland heißt – im Süden sagt man „Putzlumpen" dazu, aber das klingt auch nicht appetitlicher) auszuwringen. Für diese Arbeit empfehle ich Ihnen Gummihandschuhe.

Gummihandschuhe auch für harte Männer

Im Feng-Shui empfehlen die Chinesen, Schrubber, Wischlappen und Reinigungsutensilien immer so wegzuräumen, dass man sie nicht sieht (offen herumstehend bringen sie Unheil). Man setzt sie dagegen bewusst als „Alarmsystem gegen Einbrecher" ein – so empfiehlt eine Feng-Shui-Expertin, den Schrubber nachts vor das Haus zu stellen – nur so könne er seine abschreckende Wirkung entfalten … (Klar, fragen wir mal die ahnungslose Zeitungsfrau, die in der Morgendämmerung über den Schrubber fällt, wie viel Unheil und negative Energie davon ausgehen kann.)

Ob Schrubber oder Wischmopp – womit auch immer: Hauptsache, Sie wischen den Dreck gelegentlich vom Fußboden auf (trickreich wäre es natürlich, seine Küche gegen ein ansehnliches Honorar der Fernsehwerbung „Einmal drüber – und schon sauber!" zur Verfügung zu stellen – aber das ist wohl so realistisch wie die sechs Richtigen im Lotto).

Und wenn Sie sich dann statt des großen Traums („Andere putzen meine Küche und zahlen noch dafür!") einen kleinen Traum („Einmal drüber – und schon sauber!") erfüllen wollen und das Zeug auf Ihren Lappen tröpfeln – dann werden Sie merken, dass auch dieser kleine Traum (um im Bilde zu bleiben) wie eine Seifenblase zerplatzt.

„Da ist doch immer noch dieser dicke Tomatensoßenfleck vom Samstag auf dem Tisch!" – und schon fangen Sie an, wild darauf herumzuscheuern. Das ist falsch!

Richtig ist es, dem *Putzmittel* eine Chance zu geben – und das heißt: Zeit –, um für Sie die Dreckarbeit zu erledigen.

Lassen Sie Ihr Putzmittel für sich arbeiten

Also: Verdünnte Lösung entweder mit einer Blumenspritze draufsprühen (damit meine ich: Blumenspritze mit lauwarmem Wasser füllen und eine Schuss Neutralreiniger reingeben) oder direkt auf ein feuchtes Schwammtuch geben und drüberreiben – Warten! – und dann nach einigen Minuten (bevor es wieder trocknet) den Fleck erheblich müheloser entfernen.

Noch einfacher wäre es – und hier verrate ich Ihnen ein unnützes kleines Geheimnis – den Fleck sofort aufzuwischen, wenn Ihnen die Soße vom Löffel tropft. Aber das tut man merkwürdigerweise sehr selten – lieber greift man zum Presslufthammer, um eingetrockneten Haferbrei von der zarten Emailschicht des Herds zu entfernen. Den Presslufthammereffekt erreichen Sie wahlweise auch mit

a) einem Topfschrubberschwamm,

b) Scheuersand oder

c) einem spitzen Messer.

Mit selbstreinigenden Backöfen habe ich keine Erfahrung – skeptisch glaube ich an einen ähnlich tiefen Wahrheitsgehalt wie bei dem die Hausfrau beleidigenden Werbeslogan: „Wer kocht?“ „Der Neff“.

Vorräte und **Schädlinge**

Sie sollten, wie oben schon erwähnt, Ihre Küchenschränke manchmal feucht auswischen. Das ist notwendig, damit sich keine *Schädlinge* einnisten. Ich will Sie wirklich nicht vergraulen, aber in einigen Regionen Deutschlands ist z. B. die Mehlmotte ziemlich verbreitet.

Sie ist ein Vorratsschädling und sucht sich in Lebensmitteln wie Mehl, Nüssen, Nudeln oder getrockneten Früchten ihren Platz. Und das ist nun nicht nur eine Frage des Artenschutzes in der Küche („Ach, auf die paar Nüsse kann ich verzichten!“), sondern insoweit bedenklich, als Mehlmotten auch Bakterien übertragen können.

Die Larven der Mehlmotte können Sie an feinen Gespinsten aus Fäden erkennen, deshalb schauen Sie die Nudeln in der Verpackung schon beim Kauf aufmerksam an (ohne gleich in hysterischen Verfolgungswahn zu verfallen).

Mehlmotte contra Vorratsdose

Zu Hause füllen Sie Reis oder Mehl etc. in fest verschließbare Vorratsdosen.

Um auch kleine Lebensmittelreste zu beseitigen, sollten Sie Ihre Küchenschränke besonders in den hinteren Ecken gut putzen und trocknen lassen, bevor Sie sie wieder einräumen.

Lagern Sie Lebensmittel an kühlen Orten – ein fantastischer Tipp, wo doch kaum jemand mehr eine Speisekammer besitzt. Und das ach so ökologische Sammeln von Müll in gelben Säcken oder in grünen Tonnen bereitet im Sommer nicht nur Millionen von kleinen Fruchtfliegen, sondern auch den lieben Mehlmotten ein nettes Biotop. Im Klartext heißt das: Abfall so schnell wie möglich raus aus der Wohnung! (Dann steht er z. B. hier in Hildesheim zwei Wochen in der grünen Tonne in der Sonne und stinkt vor sich hin …)

Der **Kühlschrank**

Ab und zu müssen Sie sich auch Ihrem *Kühlschrank* zuwenden. Lassen Sie das Gerät übrigens nie unnötig offen stehen, denn die Luft, die dann eindringt, schlägt sich als Reif nieder. Deshalb sollten Sie auch keine warmen Speisen in den Kühlschrank stellen – lassen Sie sie vorher auf Zimmertemperatur abkühlen. Und decken Sie die Lebensmittel mit Frischhaltefolie (Drogerie, Supermarkt) ab. Die ideale Temperatur im Kühlschrank liegt zwischen plus zwei und plus zehn Grad.

Die Luftschlitze hinten oben am Kühlschrank darf man nicht mit Sachen zustellen – sonst kann die Luft am Kühlaggregat nicht richtig zirkulieren und es wird mehr Strom als nötig verbraucht.

Do-it-yourself-Polarkappenschmelze

Wenn Ihr Kühlschrank keine Abtauautomatik hat, müssen Sie ihn selbst gelegentlich abtauen lassen (möglichst dann, wenn er gerade ziemlich leer ist – umso weniger müssen Sie rausräumen). Denn ausräumen sollten Sie ihn: Wenn der Gletscher taut, der vermutlich Ihr Eisfach ummantelt, folgt eine mittlere Überschwemmung – und die lächerlich kleine Auffangschale unter dem Eisfach kann diese Sintflut nicht bändigen. Deshalb brauchen Sie auch einen Lappen, um die Lache vor dem Kühlschrank aufzuwischen.

Also raus mit den kleinen pelzigen Freunden aus der hintersten Ecke des Kühlschranks, und kündigen Sie auch gleich die Bekanntschaft mit der schrumpligen Hutzelmöhre aus dem Gemüsefach auf – die werden Sie sowieso nicht mehr essen!

Man muss sich auch mal trennen können

Und wenn Ihr Kühlschrank dann abgetaut ist, nehmen Sie ein Schwammtuch und wischen ihn mit einem milden Reinigungsmittel aus. Es geht auch mit lauwarmem Wasser, dem ein Schuss Essig zugefügt wurde – das stoppt Gerüche und desinfiziert die Ablageflächen. Und denken Sie auch an die Türdichtung! (Die sollte eigentlich ein- bis zweimal im Jahr mit Talkumpuder eingerieben werden, aber wer tut das schon? Kommen Sie bitte nicht auf die Idee, die Türdichtung einzufetten – das würde das Material angreifen.) Und wo wir schon gerade beim Thema Kühlschrank sind: Wissen Sie, welche *Lebensmittel* wohin gehören?

Lebensmittel richtig lagern

Also:

- Im **Eisfach** kann man Tiefkühlkost bis zu drei Tagen aufbewahren.
- Hat das **Eisfach zwei Sterne**, kann Tiefkühlkost zwei Wochen, bei **drei Sternen** bis zu drei Monaten drin aufbewahrt werden.
- Im Physikunterricht haben Sie es gelernt: Kälte „fällt" nach unten. Deshalb ist es unten an der **Glasplatte** am kältesten (und nah am Verdampferfach). Hierhin gehören rohes Fleisch (natürlich in einer Box oder anderen Verpackung), Fleischwaren und Sahne.
- In der **Mitte** kann man zubereitete Speisen aufbewahren, auch geöffnete Konserven, Räucherwaren (damit meine ich Schinken oder Räucherfisch, keine Zigarren!) und Joghurt oder andere Milchprodukte, und Getränke.
- Die Funktion des **Gemüsefachs** brauche ich wohl nicht zu erklären. Nur dies: Bananen, Äpfel oder Kartoffeln gehören nicht in den Kühlschrank!
- In den Türfächern, wo es am wärmsten ist, verstaut man Milchflaschen, Eier und Butter.

Stopfen Sie Ihren Kühlschrank nicht zu voll, sonst kann die kalte Luft nicht zirkulieren und es wird zu warm, was nicht der

Sinn der Sache ist und manche Kühlschrankbewohner sauer werden lässt.

Hackfleisch darf man wirklich nur kurz im Kühlschrank aufbewahren – also nur vom Einkauf bis zur Zubereitung am selben Tag (auch der Metzger ist gesetzlich verpflichtet, jeden Tag frisches Hack herzustellen – zu schnell können sich sonst Krankheitserreger darin vermehren).

Hackfleisch sofort verarbeiten

Auch Speisen, die mit rohen Eiern zubereitet werden, sollen nicht aufbewahrt werden (ein Grund mehr, die selbst gemachte Mousse au chocolat gänzlich und ohne Schuldgefühle zu verputzen). Frische Eier können im Kühlschrank dagegen bis zu drei Wochen aufbewahrt werden.

Die „Wissenschaft" vom **Abwaschen**

Als Student wird Ihr Los vermutlich der Handabwasch sein.

„Die Spülkunst erachte ich übrigens als eine zeitgemäße und manneswürdige Beschäftigung", hat der Schriftsteller und Verleger Ernst Heimeran vor langer Zeit einmal gesagt, und auch:

„Es liegt gerade in der Hantierung mit dem Spüllumpen eine handgreifliche Befriedigung, besonders für jemand, der darüber nachdenkt, wie der Glanz der Kochkunst doch endlich im Elend abgegessener Teller, verschmierter Bestecke, verklebter Schüsseln und verkrusteter Pfannen endet, im Chaos in einem Wort, während die Spülkunst aus dem angerichteten Durcheinander zu Sauberkeit und Ordnung hinanleitet."

Ernst Heimeran

Wenn Sie Glück haben, befindet sich in Ihrer Wohnung eine Spüle mit 2 Spülbecken (wenn nicht – und Sie perfekt arbeiten wollen – müssen Sie sich eine Schüssel mit warmem Wasser neben das Spülbecken stellen, damit Sie nach dem Spülen z. B. die Gläser noch mal ins Wasser tauchen können und so vom Seifenwasser befreien. Dann klappt es auch mit der Nachbarin …).

Wohin Sie diese Schüssel stellen sollen? Oder das abzuwaschende Geschirr? Es empfiehlt sich ein klappbarer, rollender

Servierwagen, ein Dinett oder Teewagen; beides ist sehr praktisch, nicht nur in der Küche. (Ich hab einen Teewagen als Prämie für ein Zeitschriftenabonnement bekommen – und das Vorbild dieses Modells steht sogar im Museum of Modern Art.)

Ich weiß, wie sehr manche sich vor schmutzigem Geschirr ekeln. Deshalb kaufen Sie sich *Gummihandschuhe* in einer Drogerie – die größten, die Sie kriegen können. Es macht nämlich nicht besonders viel Spaß, sich in zu enge Handschuhe zu zwängen – kaum ist man mühsam drin, klingelt das Telefon, man unterbricht den Abwasch und versucht verzweifelt, sich wieder aus diesen Wurstpellen zu befreien – bis man das geschafft hat, ist das Läuten längst verstummt …

Die „hohe Kunst" des Spülens in sechs Schritten

So, wie geht man nun ganz konkret an Heimerans „literarisch arg vernachlässigte Folge der Kochkunst", die „Spülkunst", heran?

1. Zuerst einmal müssen Sie die Essensreste von den Tellern und aus den Töpfen in den Mülleimer befördern.
2. Das Geschirr sollten Sie kurz unter fließendem Wasser abspülen (und danach das Spülbecken wieder sauber wischen!).
3. Stapeln Sie das Geschirr nicht wild aufeinander (es sei denn, Sie mögen das Muster nicht und suchen nach einem Grund, es kaputtzukriegen – das geht beim Polterabend aber schneller), sondern ordnen Sie es *nach Gruppen*:
   - Gläser,
   - Tassen, Untertassen, nicht fettige Teller,
   - Besteck (hier noch ein Tipp: Es ist sehr praktisch, wenn man sich beim Kochen ein größeres Gefäß, zum Beispiel ein sauberes Gurkenglas, mit Wasser gefüllt hinstellt und das benutzte Besteck hineinstellt – so trocknet die Soße nicht an und es ist beim Spülen erheblich leichter sauber zu kriegen.),
   - fettiges Geschirr,
   - Töpfe und Pfannen.

   Halt! Ich hoffe, Sie haben das Fett aus der Pfanne nicht einfach mit heißem Wasser in den Ausguss gespült – das ist nicht nur Umweltverschmutzung, sondern kann auch den Ausguss verstopfen. Also die Reste vorher mit Küchenpapier wegwischen und das Papier in den Mülleimer befördern. Den haben Sie natürlich mit einem Plastikbeutel ausgekleidet – und Sie leeren ihn möglichst täglich – dann brauchen Sie auch nicht die neu beworbenen antibakteriellen Tüten.

4. Jetzt geben Sie einen *kleinen Tropfen* Spülmittel ins Spülbecken, lassen heißes Wasser einlaufen und beginnen mit den Gläsern. (Wenn Sie nicht so viel Schaum wollen, lassen Sie erst das Wasser einlaufen und geben dann das Spülmittel hinzu).
   Ich empfehle Ihnen die Anschaffung von drei *Spülbürsten* – bitte in verschiedenen Farben. Dann weiß man gleich, dass z. B. rot die Bürste fürs Grobe ist, grün für alles „normale" Geschirr gebraucht wird und blau nur für die Gläser. Schlauerweise hängen Sie über dem Spülbecken eine Hakenleiste mit mindestens sechs Haken auf – dann haben das Wischtuch und ein Küchenschwamm auch noch Platz.

   Knausern Sie nicht mit Spülbürsten

   Nun folgt das andere Geschirr. Und zwar nach dem Grad der Verschmutzung: also nach den Gläsern das Porzellan, dann das Besteck und zum Schluss die Töpfe. Wenn man es perfekt machen will, tunkt man die abgespülten Sachen kurz in eine Schüssel mit klarem Wasser.
   Ein Tipp: Teekannen sollte man nie mit Spülmittel auswaschen, sonst wird die Patina in der Kanne zerstört (ja, das ist die braune Kruste in der Teekanne) und der Tee schmeckt nach Spülmittel. Deshalb bitte nur mit heißem Wasser ausschwenken!
5. Das Abtrocknen können Sie sich eigentlich sparen: kaufen Sie sich ein – besser noch: zwei – *Abtropfgestelle* und stellen Sie die nassen Teller darauf. Gläser usw. trocknen besser auf einem ausgelegten Geschirrtuch.

   So ersparen Sie sich das Abtrocknen

6. Ordentlicher sieht es natürlich aus, wenn Sie gleich alles abtrocknen und wegräumen. Auch hier empfiehlt sich ein Extrahandtuch für die Gläser, möglichst aus Leinen, denn das fusselt nicht. Baumwollhandtücher flusen zwar mehr, saugen aber Wasser gut auf. Für das normale Geschirr nehme ich Halbleinen – achten Sie im Januar auf den Ausverkauf, da werden Sie schon ein paar verwegene Muster finden. Kaufen Sie gleich mehrere, denn *Küchenhandtücher* sollte man jeden Tag wechseln – sonst tummeln sich Keime und Bakterien darauf! Und nehmen Sie das Geschirrhandtuch nicht für die Hände – aus demselben Grund! Besonders wenn Sie nur wenig Geschirr oder wenig Platz haben, ist das sofortige Abwaschen und Weg-

räumen empfehlenswert. Und nun nehmen Sie noch das nasse Wischtuch (Sie haben ja Gummihandschuhe an) und wischen einmal über Arbeitsfläche, Herdplatte und Spüle: fertig!

Es gibt neben der praktischen Art, wie man das Abwaschen angehen kann, eine andere, ganz wundervolle: nämlich die Meditationsübung.

Der buddhistische Mönch Thich Nhat Hanh beschreibt es in seinem Buch „Ich pflanze ein Lächeln" so:

Abspülen.

Meiner Ansicht nach kann die Vorstellung, Geschirrspülen sei unangenehm, eigentlich nur auftreten, wenn du den Abwasch stehen lässt. Sobald du an der Spüle stehst, die Ärmel hochkrempelst und die Hände ins warme Wasser tauchst, ist es eigentlich ganz angenehm. Es macht mir Spaß, mir mit jedem Geschirrstück Zeit zu lassen, wobei mir das Geschirr, das Wasser und alle Bewegungen meiner Hände ganz bewusst sind. Ich weiß, wenn ich mich beeile, um mich so bald wie möglich auf den Nachtisch zu stürzen, wird die Zeit des Geschirrspülens unangenehm und ist nicht wert, gelebt zu werden. Das wäre schade, da jede Minute, jede Sekunde des Lebens ein Wunder ist! Das Geschirr und die Tatsache, dass ich hier stehe und es abwasche, sind Wunder.

Wenn ich nicht fähig bin, das Geschirr voller Freude abzuwaschen, wenn ich rasch fertig sein will, damit ich mir den Nachtisch einverleiben kann, werde ich ebenso unfähig sein, meinen Nachtisch zu genießen. Mit der Gabel in der Hand werde ich darüber nachdenken, was ich als Nächstes tun soll, und Beschaffenheit und Geschmack des Nachtischs würden mir entgehen, und mit ihm die Freude, ihn aufzuspeisen. Ich werde stets in die Zukunft gezogen werden und nie in der Lage sein, im gegenwärtigen Moment zu leben.

Im Sonnenschein der Bewusstheit wird jeder Gedanke, jedes Tun heilig. In diesem Licht existiert keine Grenze zwischen dem Heiligen und dem Profanen. Ich muss zugeben, dass ich mit dem Abspülen ein bisschen länger brauche, aber ich lebe voll in jedem Moment und bin glücklich. Abzuwaschen ist Mittel und Zweck zugleich – das heißt, wir spülen das

Geschirr nicht bloß, um sauberes Geschirr zu haben, sondern wir spülen ab, um abzuspülen, um während des Abwaschens voll in jedem Augenblick zu leben.

Thich Nhat Hanh: Ich pflanze ein Lächeln, S. 40 f.

Ich gebe zu, dass ich den glücklichen gegenwärtigen Moment auch nur selten erhasche. Ich flitze auch nicht zwischen Mittagessen und Nachtisch zum Abwaschen in die Küche, aber danach, da hab ich es mir schon angewöhnt, vor dem Tee eben abzuspülen und Küche und Esszimmer aufzuräumen. (Ich tröste mich mit dem Gedanken, dass die Räume zumindest bis zum Abend in diesem aufgeräumten Zustand bleiben.)

Die **Spülmaschine**

Wenn Sie eine Spülmaschine haben, so füllt sich die auch nicht von allein. Tragen Sie gleich nach dem Essen das Geschirr in die Küche, geben Sie Essensreste in den Mülleimer (der Geschirrspüler ist nämlich kein Müllschlucker!), spülen Sie grobe Reste kurz unter fließendem Wasser ab, und stellen Sie es in die Maschine. Überlegen Sie sich, ob es nicht kostengünstiger ist, die sperrigen Töpfe mit der Hand abzuwaschen – dann brauchen Sie die Maschine vielleicht nur alle drei Tage anzuwerfen.

Wasser muss überall hinkommen

Achten Sie darauf, dass das Geschirr nicht übereinander gestapelt ist – dann kann das Wasser der Spülmaschine es nicht erreichen – und dass es nicht gegeneinander schlägt, sonst fehlt den Tellern bald eine Ecke. Testen Sie auch vor dem Spülen, ob der Sprüharm Ihres Geschirrspülers frei beweglich ist oder ob große Teile ihn beim Drehen behindern.

Wenn Sie nach dem Spülvorgang einen Teelöffel aus der Spülmaschine holen, und es klebt noch Eigelb dran (weil Sie ihn nicht gleich in einem Gefäß mit Wasser deponiert hatten), dann waschen Sie ihn lieber per Hand ab: Im Geschirrspüler sind die Temperaturen beim Trocknen nämlich so hoch gewesen, dass das Eigelb nun für lange Zeit „festgebacken“ ist und eine Sonderbehandlung braucht.

Was viele nicht wissen: Es lohnt sich, den Türdichtungsgummi des Geschirrspülers ab und zu mal sauber zu wischen! Und nach jedem Spülen gucken Sie nach, ob im Restesieb unten im Gerät etwas hängen geblieben ist – und entfernen es. (Wir haben mehr als einmal Ärger gehabt mit Grapefruitkernen, die in der Nässe aufquellen – und Reparaturen sind allein durch die zu bezahlende Anfahrtszeit des Handwerkers sehr teuer.)

Tabus für Kristall und Holz

Achtung! Falls Sie kostbares altes Porzellan, *Kristallgläser* oder sonstige zarte Sächelchen haben: die gehören auf keinen Fall in den Geschirrspüler! Auch keine *Holzgegenstände* (die quellen auf) oder Plastik. Ich sehe meine Freundin Atie immer noch vor mir: Sie kniete vor dem offenen Geschirrspüler und versuchte, die spaghettiartigen Fäden herauszukratzen, zu denen der Plastiklöffel zerschmolzen war, als er beim Spülvorgang auf die Heizschlange fiel.

Warum Sie Ihre Goldrandtasse besser mit der Hand abspülen? Geschirrtabs bestehen aus Natriumcarbonat und Natriumperborat, das ist ätzend. Deshalb steht auch ein Warnzeichen darauf.

Vielleicht aber machen Sie sich Ihr junges Leben auch leichter und verzichten auf Geschirr mit echtem Goldrand, auf hauchdünne Mokkatassen und anderen Ballast?

Splish, splash ...

Das Badezimmer

Man braucht:

Mikrofasertuch,
Schwammtuch,
Flüssig- oder Neutralreiniger,
evtl. Kalklöser,
Essig, Desinfektionsmittel,
große Gummihandschuhe,
alte Zahnbürste, Bimsstein,
Abflussreiniger, WC-Reiniger,
WC-Frisch-Aktiv-Tabs

Es ist sinnvoller, sich jeden Tag ein paar Minuten um das Reinigen des Bades zu kümmern, als einmal die Woche einen Großkampftag zu starten. Also:

- Wischen Sie den *Badezimmerspiegel* ab, wenn er es nötig hat.
- Wischen Sie mit etwas flüssigem Reiniger und einem nur für das Bad bestimmten Schwammtuch (z. B. immer in der Farbe Grün) kurz über die *Armaturen*, das *Waschbecken*, die *Dusch-* oder *Badewanne*. Ja – Sie haben dabei die geräumigen Extra-fürs-Bad-Gummihandschuhe an. Denn jetzt müssen Sie auch die *Toilette* putzen. Auch hierfür bitte ein Extraschwammtuch benutzen – sagen wir: rote Farbe (damit Sie gar nicht erst in Gefahr geraten, hinterher aus Versehen Ihr Frühstücksbrettchen mit dem Lappen abzuwischen).
- Jeden Tag sollten Sie mit der Klobürste (die Sie in einem Klobürstenhalter stehen haben, der halb mit Wasser und einem Schuss Essig oder Sagrotan gefüllt ist) kräftig am Innenrand der Toilette entlang schrubben und den Abfluss sauber bürsten. Es ist ein weit verbreiteter Irrtum zu glauben, dass das Innere des Toilettenbeckens am unhygienischsten ist – wenn Sie oder Ihre Freunde im Stehen pinkeln, dann müssen Sie auch außen wischen. Ich halte sonst nicht viel von einem zugesetzten Desinfektionsmittel, hier aber kann es angebracht sein. Lüften Sie das Bad regelmäßig, damit sich kein Schimmelpilz bildet.

Für „täglich" wäre das eigentlich alles – das ist in maximal fünf Minuten gemacht. Zwar gibt es immer wieder auch den Supertipp zu lesen, dass man sich einen Abzieher mit Gummilippe (wie für das Fensterputzen) kauft und gleich nach dem Duschen damit die Wände der Duschkabine vom Wasser befreit – und es so gar nicht erst zu den hässlichen Kalkablagerungen kommen lässt; aber ich weiß nicht, bei mir hat das jedenfalls nicht geklappt. Wenn ich geduscht habe, will ich nicht nass und frierend auch nur zwei Minuten mit Reinigen verbringen. Das hat sicher auch einen gefühlsmäßigen Hintergrund: Ich genieße das Duschen, liebe es, mich dann gemächlich einzucremen – kurz, ein hektisches Herumputzen würde mein sinnliches Erlebnis nachhaltig stören.

Durchaus ätzend: **Reinigungsmittel**

Im Badezimmerbereich empfehle ich Ihnen dringend, die Aufschriften auf Ihren *Reinigungsmitteln* auch wirklich aufmerksam zu lesen. Nicht umsonst wird bei einem WC-Reiniger die Aktivkraft beschworen – was meinen Sie, wie aktiv sie wird, wenn Sie sie in Verbindung mit chlorhaltigen Sanitärreinigern verwenden? (Denken Sie an Ihren Chemieunterricht.) Das ist übrigens nicht so lustig, wie es klingt: Wenn man chemisch inkompatible Abflussreiniger mixt, kann sich giftiges Chlorgas bilden, das die Atemwege verätzt und tödlich sein kann. Gerade chemische Abflussreiniger sind das wohl gefährlichste Haushaltsprodukt!

Also Vorsicht: Linsen Sie auf keinen Fall in den Abfluss um zu sehen, ob das Zeug auch wirkt: es kann hochspritzen und wirklich ins Auge gehen! Mixen Sie einen Abflussreiniger nie mit anderen Reinigungsprodukten (indem Sie z. B. ungeduldig etwas von dem Zeug ins Klo kippen, in dem Sie WC-Reiniger einwirken lassen). Und wenn draufsteht, dass man den gekauften Abflussreiniger nicht für total verstopfte Abgüsse nehmen soll, dann halten Sie sich bitte dran!

Außerdem passen Sie auf, dass Sie auch über die Hände nichts von dem Zeug in die Augen bekommen. Und falls es doch passiert, müssen Sie sofort mit viel kaltem Wasser nachspülen und dann gleich zum Augenarzt!

WC-frisch-Aktiv-Tabs aus der Drogerie sind eine prima Sache: Einmal pro Woche vor dem Schlafengehen so einen Tab in den WC-Abfluss geben, etliche Zeit – möglichst über Nacht – einwirken lassen – und selbst hartnäckige Ablagerungen im WC-Abflussrohr verschwinden meist. Aber auch hier gilt: Das Zeug reizt Augen und Haut (ich drück diese Dinger mit Gummihandschuhen aus der Verpackung).

„*Duftsteine*" für die Toilette, von meinem Kollegen Orje liebevoll „Klobonschen" genannt, finde ich fies. Für *Aerosole* wie zum Beispiel Raumsprays, Haarsprays und Deosprays, fanden Wissenschaftler der Universität Bristol bei einer Studie an 14 000 Schwangeren heraus, dass sie zu Kopfweh und Depressionen führten; und Babys, die diesen Substanzen häufig ausgesetzt waren, kriegten vermehrt Ohrinfekte und Durchfälle. Der Grund dafür: Aerosole enthalten Xylen, Aldehyde und Ketone, die in hohen Dosierungen giftig sein können.

Luftig statt duftig

Nun sind Sie weder Baby noch schwanger – aber wieso sich unnötigen Belastungen aussetzen? Es reicht doch, häufig und gründlich zu lüften, dann braucht man auch kein Raumspray.

Wenn Ihr Vormieter einen hässlichen Urinsteinrand am WC-Becken hinterlassen hat (das Ferkel), bekommen Sie ihn mit Bimsstein weg (diese kleinen Naturbimssteinmäuschen werden in Drogerien eigentlich für die Entfernung von Hornhaut verkauft – Sie werden sich für einen Verwendungszweck entscheiden müssen, falls Sie nur ein Mäuschen Ihr Eigen nennen): die Verschmutzung ganz vorsichtig vom feuchten Untergrund herunterreiben. Die Kloschüssel ist aus Porzellan und daher also sehr empfindlich.

(Scheuer-) Sandstrahler

Ach ja, deshalb ist es auch besser, für das Reinigen des Waschbeckens und der Dusch- oder Badewanne keinen *Scheuersand* zu nehmen, sondern ein milderes Mittel: Scheuersand enthält winzige Schleifpartikel, die unsichtbare Rillen in das Porzellan fräsen, und darin setzt sich dann der Schmutz immer schneller fest, wobei im ersten Moment natürlich so ein Scheuerpulver alles blitzblank kriegt. Wirklich tabu ist Scheuersand bei Kunststoffbecken jeglicher Art!

Alle **Schmutzstellen** erwischen

Ab und zu können Sie auch mal die *Kacheln* wischen – mit einem Neutralreiniger. Wenn Sie nicht mit dem Lappen hinter die Armaturen kommen, und Sie die Seifen- und Kalkablagerungen dort stören, können Sie mit einer alten Zahnbürste mit Gelenkkopf gut dahin kommen. Sie können auch einen Lappen mit Kalkentferner tränken (Gummihandschuh!) und ihn für ein paar Stunden um den Wasserhahn legen. Wie gesagt: Wenn es Sie stört.

Auf den *Fußboden* des Bades fallen viele Hautschuppen (Nahrung der Hausstaubmilbe) und Haare – deshalb bitte den Boden öfter mal nass wischen, wie in der Küche auch.

Und denken Sie daran: Die Toilette ist kein Mülleimer! Sie ist nicht dazu da, Essensreste, Teeblätter oder Papiertaschentücher verschwinden zu lassen – ein verstopftes Klo ist eine Riesenschweinerei und kommt Sie noch dazu teuer.

Übrigens können auch *Ausgüsse* schnell durch Teeblätter, Haare etc. verstopfen – deswegen denken Sie daran, sie immer gleich von Dreck zu befreien und alle zwei bis drei Wochen am Abend etwas biologischen Abflussreiniger hineinzugeben – das sollte reichen (oben noch mal nachlesen, wie gefährlich chemische Abflussreiniger sein können).

Rohrkrepierer

Wie man ein verstopftes Abflussrohr wieder frei kriegt, könnte ich beschreiben – hier taucht der in Comics so beliebte Gummipümpel auf –, aber ich weiß, dass Sie das nicht machen werden, das graust Sie viel zu sehr. Also lieber vorsorgen – oder den Klempner rufen.

Den merkwürdigsten Tipp für die Badezimmerpflege las ich in einem englischen Haushaltsbuch: Da schlug die Dame vor, doch gleich beim Baden dem Badewasser einen Schuss Flüssigreiniger zuzusetzen – so würden sich keine Schmutzränder am Badewannenrand bilden. Wie praktisch – und doch: die arme Haut! Sauber ist gut, aber man kann das Kind auch mit dem Bade ausschütten.

Es werde licht!

Fenster putzen

Man braucht für den Rahmen:
Handfeger, Schwammtuch, Spülmittel, Neutralreiniger, Blumenspritze, Holzstab

Man braucht für Methode 1:
Fensterreiniger, altes Zeitungspapier

Man braucht für Methode 2:
Gummiwischer, Ziehklinge, Schwamm, Eimer, Reinigungsmittel, alte Handtücher

Man braucht für Methode 3:
Mikrofasertuch, reine Kernseife (zum Auswaschen des Tuchs)

Ja, auch das muss manchmal sein. Spätestens, wenn Sie daran denken, die Hundert-Watt-Birne in Ihrer Lampe gegen einen in meinen Augen ungesunden, aber leuchtenderen Halogenstrahler auszutauschen, weil es nie mehr so richtig hell in Ihrem Zimmer wird oder Sie sich von der Stimmung her immer noch wie im November fühlen, vor der Haustür aber die Vöglein im warmen Junisonnenschein tirilieren – dann heißt es: Fenster putzen!

Es gibt viele Fensterputzmethoden, ich will hier aber nur drei nennen:

Rahmen hui – sonst Fenster pfui!

Zuerst muss man in jedem Fall den *Fensterrahmen* innen und außen mit einem feuchten Schwammtuch und etwas in warmem Wasser aufgelöstem Spülmittel sauber wischen. So verschwinden der Vogeldreck und die Spinnweben. Wenn der Schmutz schon sehr üppig ist, können Sie vorher mal eben mit einem Handfeger darüber gehen.

Unten in der Fensterrille liegt gelegentlich ja auch ein kleiner Mumienzoo: Am besten sprühen Sie ihn kurz mit Wasser ein, dem Sie einen neutralen Haushaltsreiniger zugegeben haben (in der vorne erwähnten Blumenspritze), warten ein paar Minuten (dann arbeitet das Mittel für Sie – statt Ihrer Muskeln!), wickeln ein Reinigungstuch um einen Holzstab (z. B. den Kochlöffel) und fahren ein paar Mal nachdrücklich damit hin und her, bis alles sauber ist.

Der Klassiker: Methode 1

Fensterreiniger auf die Scheibe ausprühen (sparsam!), *altes Zeitungspapier* zusammenknüllen und damit Reiniger und Dreck abwischen. (Einige Hausfrauen behaupten, dass Zeitungspapier das Glas zerkratzen kann – ich habe das noch nicht gemerkt. Sicherheitshalber kann man sonst Haushaltspapier nehmen.) Passen Sie ein bisschen auf, wenn Sie empfindliche Haut haben: Ich z. B. darf nichts von dem Sprühnebel abbekommen, sonst habe ich sofort Pickel. Aber man kann es ja auch auf ein Tuch sprühen.

Der Profitipp: Methode 2

Ein scharfer Tipp

Diese Methode hat mir ein amerikanischer Bekannter gezeigt. Man besorgt sich einen ausreichend breiten *Gummiwischer* – so einen Abzieher mit Gummilippe, den Sie sicher schon mal in der Hand eines Gebäudereinigers gesehen haben. Profis benutzen auch nicht diese Winzdinger aus der Drogerie, sondern große Geräte, dazu eine kleine scharfe *Ziehklinge*. Mit der kann man festgeklebten Schmutz vorsichtig vom Glas abschaben (ich hoffe nicht, dass es sich um die ganze Fläche handelt – die Sie wie mit einem Eiskratzer im Winter bearbeiten müssen). Aber denken Sie daran: Wenn irgendwelche Flecken auf der Fensterscheibe nicht abgehen, obwohl Sie es geduldig auf die sanfte Tour mit Einweichen probiert haben, dann arbeiten Sie mit der Ziehklinge immer nur auf *feuchter* Oberfläche! Das gilt für Farbflecke, Gips oder was auch immer. Und stets nur in eine Richtung schaben und natürlich nicht wie ein Wilder dabei drücken – sonst sagt es „klirr!“ und Sie schauen in – zugegebenermaßen saubere – Luft.

So wirds gemacht: Zuerst wischen Sie das Fenster leicht mit einem *Schwamm* und *Wasser* aus dem Eimer ab, in den Sie ein paar Tropfen *Geschirrspülmittel* gegeben haben. Drücken Sie den Schwamm gut aus, denn das Wasser soll nicht wie ein Wasserfall runterströmen! (Sicherheitshalber empfehle ich Ihnen, beim ersten Üben dieser Methode unten auf Ihren Teppich alte Handtücher zu legen – obwohl es nicht tropft, wenn Sie es richtig machen!) Dann nehmen Sie den Abzieher, wischen kurz mit einem feuchten Tuch über die Gummilippe (sonst ertönt ein unmelodisches Quietschen!). Dann fahren Sie mit nur einem kleinen (End-)Teil des Abziehers – parallel zum Fensterbrett, also waagerecht – am oberen Rand des Fensters entlang. So bekommen Sie über die volle Fensterbreite oben einen schmalen trockenen Streifen. (Dies ist das Geheimnis, wie man den Teppich vor Sturzbächen bewahrt.)

Dann setzen Sie den Abzieher, dessen Gummilippe Sie waagerecht vor sich halten, oben links in den trockenen Streifen und ziehen ihn herunter, danach die Gummilippe mit einem feuchten Tuch abwischen. Und dann das Wischblatt wieder daneben ansetzen und nach unten ziehen (dabei immer ein Ende des Abziehers im trockenen Bereich ansetzen, also oben und an der Seite) und so weiter, bis das Fenster sauber ist. Zum Schluss noch einen Querstrich am unteren Rand, um das letzte Wasser wegzubekommen.

Wenn Sie – was ich nicht hoffe – ein Perfektionist sind, stören Sie vielleicht danach ein leichter Streifen vom Abzieher oder ein paar winzige Wassertröpfchen. Widerstehen Sie der Versuchung, sie mit einem Tuch wegzuwischen, das fusselt bloß. Falls Sie ohne Gummihandschuhe gearbeitet haben, sind Ihre Finger durch das Wischwasser fettfrei und Sie können den Streifen vorsichtig einfach mit dem bloßen Finger wegwischen.

Der Mikroputz: Methode 3

Davon bin ich total begeistert. Ich putze mit einem *Mikrofasertuch* (das sündhaft teuer ist, etwa 10 € für 30 x 40 cm und nicht zu verwechseln mit den wenig effektiven Lappen aus der Drogerie, die auch Mikrofasertücher heißen ...). Das Tuch nur leicht anfeuchten, drüberwischen – und schon fertig!

Das geht natürlich auch bei *Spiegeln, Glasrahmen* von Bildern etc. Nach dem Gebrauch wasche ich das Tuch mit reiner Kernseife (Ökoladen) und warmem Wasser mit der Hand aus – und spüle es dann gut, bis das Wasser klar bleibt.

Die meisten **Unfälle**

Dass es auch Gefahren gibt beim Fensterputzen, kann man im Roman „Herbst im Mumintal" von Tove Jansson nachlesen. Als die Filifjonka beim Fensterputzen auf ihrem Dach ausrutscht, muss sie ums ganze Dach herum auf die andere Seite krabbeln, hoffend, dass vielleicht noch ein Fenster offen steht.

Hinter den Scheiben konnte sie die Schüssel mit dem Seifenwasser sehen und den Putzlappen, ein geruhsames, alltägliches Bild, unberührt von allem, eine unerreichbare Welt.
Aber der Lappen! Der hatte sich zwischen Fensterflügel und Rahmen verklemmt ... Das Herz der Filifjonka begann zu pochen. Sie sah einen kleinen Zipfel des Lappens heraushängen, sie griff nach ihm, griff unendlich vorsichtig! Ach bitte, lass ihn halten! Macht, dass es der neue, schöne ist, und nicht der alte ... Ich will auch nie mehr alte Lappen sammeln, will nie mehr etwas aufheben und sparen, ich will verschwenderisch sein, ich will nie mehr sauber machen, ich mache zu oft sauber, ich bin pedantisch ... Ich will ganz anders werden, etwas anderes als eine Filifjonka ... So dachte die Filifjonka, flehentlich und ohne Hoffnung, denn eine Filifjonka kann natürlich nie etwas anderes werden als eine Filifjonka!

Tove Jansson: Herbst im Mumintal, S. 20

Sie hat Glück und gelangt wieder in das Zimmer – danach ist sie allerdings lange nicht mehr in der Lage zu putzen:

Die Filfjonka ließ einen Teller fallen und rief: „Nein! Ich mache nie mehr Hausputz!"
„Warum denn nicht?", fragte die Mymla. „Du weißt ja nichts Besseres!"
„Ich besinne mich nicht, warum", murmelte die Filfjonka.

Ebenda, S. 83.

Und sie braucht 15 Kapitel, um wieder zu ihrem alten Selbst zurückzufinden:

Als sie aufwachte, schaute sie sich um und sagte: „Wie es hier aussieht! Heute wird großreinegemacht!"

Ebenda, S. 124.

Also: Falls Sie in einem Hochhaus wohnen, oder auch nur im zweiten Stock: Passen Sie gut auf, was Sie tun – ich sehe im Haus gegenüber eine Frau die wunderlichsten Kletterkünste praktizieren und halte immer die Luft an bei den akrobatischen Einlagen. Manchmal ist weniger wirklich mehr! Das höchste der Gefühle wäre für mich ein Wischer am Teleskopstiel – aber in höher gelegenen Etagen kommt man damit auch bloß innen an die Scheiben (was ja auch schon etwas ist) – für außen gilt für mich „When in doubt – don't" also: „Wenn du Zweifel hast, tu es nicht" – zu viel Perfektionismus kann tödlich sein!

When in doubt – don't

Mein wunderbarer Waschsalon:

Wäsche waschen

Man braucht:

Vollwaschmittel, Feinwaschmittel, Wollwaschmittel, Saptil, Fleckensalz, evtl. Weichspüler, Essig, aufblasbare Bügel

Entweder Sie haben eine *Waschmaschine* oder die Chance, in dem von der Kölner Band BAP besungenen „Waschsalon" die fachkundige Traumfrau zu treffen. Bis dahin müssen Sie sich allerdings selbst um Ihre Wäsche kümmern, denn wahrscheinlich gehört auch Ihre Mutter nicht zu den Müttern, die die Wäscheleine als ihre Nabelschnur noch immer über den vom Sohn am Wochenende nach Hause geschleppten Wäschesack pulsieren lassen. Das zauberhafte „Wisch-wasch, wisch-wasch" wird also Musik in Ihren Ohren sein.

Bislang haben Sie zu Hause – hoffe ich wenigstens! – die schmutzige Wäsche wohl meist einfach in den *Wäschesack* geworfen (ich war erstaunt, dass das Bild von im Zimmer rumfliegenden Socken gar kein Klischee, sondern Realismus ist). Jetzt müssen Sie zuerst einmal Wäsche sortieren.

Kleine Wäschekunde

Bis zum nächsten Waschtag heben Sie die schmutzige Wäsche bitte luftig und trocken auf (sonst ist sie nämlich sehr muffig und kriegt im schlimmsten Fall Stockflecken). Und nun sortieren Sie nach

95 Kochwäsche
60 Buntwäsche
40 Feinwäsche

Hierbei sind die *Pflegeschildchen* (im Kleidungsstück meist am Kragen oder an einer Seitennaht angenäht) äußerst hilfreich. Und das bedeuten die Symbole:

30 Normalwaschgang
Schonwaschgang
Handwäsche
nicht waschen
CL Chlorbleiche möglich
nicht chlorbleichen
P A chemische Reinigung möglich
keine chemische Reinigung
Trockner mit reduzierter thermischer Belastung (also nicht so heiß!)
Trocknen mit normaler thermischer Belastung
nicht in den Trockner: läuft sonst ein!

Ein Tipp (wenn Sie nicht extrem empfindlich gegen das Kratzen am Hals sind): Lassen Sie die Pflegeetiketten in Ihrer Kleidung: Sie vergessen sonst garantiert, was wie gewaschen werden soll und ob man es trocknen oder bügeln darf!

Und noch ein Rat: Gerade junge Leute finden *schwarze Kleidung* cool – es lohnt sich, alles Schwarze zu sammeln und separat zu waschen (also nicht mit der weißen Unterwäsche zusammen).

Wolle

Wolle sollte man, wenn auf dem Pflegeetikett steht, dass sie waschbar ist und nicht in die chemische Reinigung muss (wie z. B. Anzughosen aus Schurwolle oder Jacketts), möglichst kalt waschen, mit speziellem Wollwaschmittel. Das höchste der Gefühle sind 30 °C. Wenn man Wolle laut Pflegeschild in der Waschmaschine waschen darf, halten Sie sich genau an die Waschanleitung – und denken Sie daran, die Waschmaschinentrommel später gründlich zu säubern. Oft hängen dunkle Wollflusen in den Trommellöchern und können die ganze Ladung neuer weißer Oberhemden verfärben, die man anschließend wäscht. Haben Sie keinen Wollwaschgang in Ihrer Waschmaschine, heißt es *Handwäsche:*

Das auf links gedrehte (das bedeutet: innen nach außen drehen) Wäschestück in der Waschlauge nur sanft durchdrücken, nicht rubbeln! Und sparen Sie nicht am Wasser: Das Kleidungsstück soll in der Lauge schwimmen. Wenn man Wolle zu heiß oder zu ruppig wäscht, nimmt sie das übel, verfilzt und wird hart wie ein Brett. Wenn das Unglück einmal geschehen ist und die Wolle verfilzt ist, hilft nichts mehr außer der Altkleidersammlung. Bei vielen Deodorants muss man übrigens aufpassen; selbst wenn sie als „sanft“ deklariert sind, können sie die Stelle an den Armlöchern von Pullis oder Hemden ganz schön verfärben.

Manche liebens heiß: Wolle aber nicht

Sie müssen den gewaschenen Pullover dann etliche Male in kaltem Wasser nachspülen, bis das Wasser klar bleibt (manche empfehlen, dem letzten Wasser einen winzigen Schuss Essig zuzugeben, dann leuchten die Farben mehr).

Nach ein paar Handwäschen im Waschbecken (mit Gummihandschuhen wegen des kalten Wassers) kommt man ins Grübeln, ob das alles die Mühe wert ist.

Es freut mich zu sagen, dass auch Lorna ihre Probleme hat. Gestern kam sie reingestürmt und meinte, sie hätte gerade eine Plage von Sozialarbeitern zurückgeschlagen, die alle „Warum Wollsachen?" geheult hätten. „Warum **was?**" sagte ich. Es stellte sich heraus, dass Lorna sich über ihre nicht enden wollenden Pflichten ausgelassen hatte, dass sie die Wollsachen zu waschen hätte und so weiter, und die Sozialarbeiterin hatte gesagt: „Warum Wollsachen?". Lorna geriet völlig außer sich. „Das fehlt mir gerade noch", rief sie immer wieder. „Irgendeine langweilige Person, die sich in mein Leben einmischt und ‚Warum Wollsachen?' quäkt."
Bess, die zufällig da war, sagte, sie versteht, was die Sozialarbeiterin meint. „Leute wie du, Lorna, schaffen sich offenbar manchmal selbst ihre

Belastungen. Du könntest Synthetiksachen kaufen und sie in die Waschmaschine werfen, oder nicht?" „Ach, könnte ich das?", schrie Lorna. „Und wofür genau entlaste ich mich, indem ich keine Wollsachen kaufe? Um einen literarischen Salon zu führen? Um fliegen zu lernen? Um Englands Disco-Queen zu werden?"

Jill Tweedie: Aus der Stille vor dem Sturm, S. 27

Zumal man den Wollpullover danach ja auch *nicht auswringen* darf, sondern das Wasser nur leicht ausdrückt, den Pullover dann auf ein großes Frotteehandtuch legt, ihn in Form zieht, und dann das Handtuch aufrollt: So saugt es eine große Menge Feuchtigkeit auf. Dann wieder ausrollen und den Pullover im Idealfall liegend trocknen (ich hatte mal einen tollen Aufsatz für die Badewanne: ein einfaches rechteckiges Stecksystem mit einem Netz dazwischen), aber ich gestehe, dass auch ich meist die Pullover hängend trockne – allerdings empfehle ich dann dringend, sich in der Haushaltsabteilung eines Kaufhauses umzuschauen (oder sich eine vergnügte Viertelstunde mit dem kleinen Katalog „Die Moderne Hausfrau" zu machen) und nach aufblasbaren Bügeln zu suchen. Ja, Sie haben richtig gelesen: Aufgeblasen haben die Bügel die Form eines menschlichen Oberkörpers (na ja, fast) und füllen damit den Pullover beim Trocknen besser aus – er zippelt nicht so nach unten, wenn er durch die Nässe schwer ist.

Aufblasbare Bügel gibts wirklich

Wolle mag nicht in der Sonne getrocknet werden (und auch nicht auf der Heizung).

Später, wenn Sie mal einen Wäschetrockner kaufen, achten Sie darauf, dass er die zurzeit ganz moderne Option „*Woolfinish*" hat – da wird der Pullover zwar nicht getrocknet, aber wunderbar aufgeflauscht.

Kaschmir wird wie Schafwolle behandelt, aber hier würde ich das teure Stück wirklich im Liegen trocknen lassen (manche bringen es auch nur zur Reinigung).

Bügeln kann man Wolle bei leichter Dampfeinstellung (ohne Dampf sollte man ein feuchtes Tuch über das zu bügelnde Kleidungsstück legen – sonst wird die Wolle glänzend).

Seide

Seide – Ja muss man sich denn das Leben so schwer machen? Okay – Seidenpyjamas mit Paisleymuster sind wirklich schön – pflegeleicht sind sie nicht. „Sonne und Schweiß schaden dem Gewebe" – wie gut, dass man ihn nachts trägt. Aber Seide braucht auch Luft. Und Vorsicht mit Nietnägeln, Uhrenarmbändern, Nadeln. Wenn das Etikett sagt, dass *Handwäsche* erlaubt ist, nehmen Sie bitte kein biologisches Waschmittel – für Seide nimmt man Woolite (ich habe keinen Werbevertrag).

Seide steht nicht auf „Bio"

Seide darf man vor dem Waschen nicht einweichen, und man sollte bei maximal 30 °C sanft mit ihr umgehen, also nicht rubbeln, fest drücken oder knicken. Sie muss beim Waschen in viel Lauge schwimmen. Nicht schleudern!

Zum Trocknen darf man Seide auf keinen Fall in die Sonne hängen. Man kann sie eventuell mit einem Frotteetuch sanft antrocknen und dann auf einen Bügel hängen.

Wenn man das möchte, kann man sie anschließend noch feucht (ich sagte nichts von tropfend!) mit einem lauwarmen Eisen bügeln, also auf der kleinsten Einstellung mit einem Punkt, und auf keinen Fall dampfbügeln!

Baumwolle

Baumwolle ist unproblematisch in der Pflege. Sie ist gut waschbar und deshalb besonders hygienisch (Unterwäsche!). Sie ist haltbar, knittert allerdings leicht. Die Haut kann unter Baumwolle gut atmen und Schweiß wird aufgesaugt. Achten Sie auf das Zeichen „reine Baumwolle" oder „100 % Baumwolle", das bürgt für Qualität.

Weiße Baumwollwäsche kann man kochen (hier benutzt man ein *Vollwaschmittel*), Buntwäsche muss etwas sanfter behandelt werden, mit einem Feinwaschmittel, sonst kann es passieren, dass die Farben verblassen.

Nach dem Waschen wird die Baumwollwäsche geschleudert, dann in Form gezogen (erst in die Länge, dann in die Breite) und schließlich aufgehängt. Wenn man sie im Trockner trocknen will, muss das Trockner-Zeichen (siehe S. 52) da sein, sonst besteht die Gefahr, dass sie einläuft. Gebügelt wird mit hohen Temperaturen (Baumwolle/Leinen).

Leinen

Leinen ist eine tolle Faser – Leinenjacketts wirken nicht nur lässig (wobei der Knitterlook aus der Not eine Tugend macht – Leinen knittert schnell), sondern haben im Sommer hervorragende Trageeigenschaften: Da es keine Wärme speichert, ist es angenehm kühl, und die Feuchtigkeit des Körpers kann schnell verdunsten. Leinen hat eine sehr lange Lebensdauer. Es schmutzt nicht schnell und ist hautverträglich, außerdem trocknet es schnell.

Knitterlook erwünscht?

Gewaschen wird es in der Maschine im *Schonwaschgang* bis maximal 40 °C, und zwar immer auf links gedreht. Packen Sie nicht zu viel davon in die Waschmaschine! Und nehmen Sie bitte keine scharfen Waschmittel.

Zum Trocknen darf man es höchstens kurz schleudern (sonst Knitter), dann zieht man es in Form und hängt es tropfnass auf die Leine, aber nie in die Sonne!

Gebügelt wird es in noch feuchtem Zustand und von links oder mit dem Dampfbügeleisen. Die Temperatur darf hier sehr hoch sein (allerdings sehen Sie sich sicherheitshalber vorher das Pflegeschild an: Manchmal ist Viskose beigemischt, und die verträgt nur eine geringe Bügeltemperatur).

Chemiefasern

Mikrofaser, Viskose (zellulosische Fasern, aus Holz hergestellt), Polyester (synthetische Fasern) – es gibt unzählig viele Chemiefasern mit sehr verschiedenen Eigenschaften. Sie sind meist sehr pflegeleicht, form- und farbbeständig und können fast alle bis 40 °C in der Waschmaschine gewaschen werden (aber schauen Sie immer vorher auf das Etikett!). Lassen Sie nasse Chemiefaserwäsche nicht längere Zeit zusammengekrumpelt herumliegen. Nicht alle Chemiefasern können im *Trockner* getrocknet werden, und wenn man sie überhaupt bügeln muss, dann meist auf der kleinsten Einstellung.

Kochwäsche

Darunter versteht man Wäsche, die in der Maschine bei 90 bis 95 °C gewaschen werden kann. Es kann sich hierbei um Bettwäsche, Handtücher oder weiße Baumwollunterwäsche handeln. Im Allgemeinen gilt, dass man die Sachen bei nicht zu starker Verschmutzung wie Buntwäsche bei 60 °C waschen kann (es sei denn, Sie waren krank – da empfiehlt sich schon das *Durchkochen*). Mit der geringeren Gradzahl sparen Sie Energiekosten.

Haben Sie Flecken in dieser Wäsche, fügen Sie die empfohlene Menge Fleckensalz hinzu – das kann durchaus nützen. (Auf den Sonderfall des roten mitgewaschenen Sockens und der etwas umständlichen Prozedur des Entfärbens gehe ich hier nicht ein – da lassen Sie sich bitte in einer Drogerie beraten. Oder tragen Sie mutig Rosa.)

Buntwäsche

Dies ist Wäsche, die mit 30 bis 60 °C gewaschen wird. Hierfür nehmen Sie ein *Feinwaschmittel.*

Je nach Waschmaschinentyp gibt es dann noch die Programme „pflegeleicht" und „Feinwäsche" – der Unterschied besteht in der Dauer des Waschgangs und der Intensität des Schleuderns. Aber ich will hier keine Grundvorlesung über Wäschepflege geben: Wenn Sie es schaffen, Ihre Sachen nach den oben genannten Kriterien zu sortieren, wissen Sie schon das Nötigste.

Waschmittel

Ich schwöre auf parfümfreies *Vollwaschmittel,* habe ein *Buntwaschmittel* und ein *Wollwaschmittel.*

Lesen Sie die Angaben des Waschmittelherstellers vor dem Kauf durch.

Sie erfahren von den Stadtwerken, ob Ihr Wasser hart, mittel oder weich ist. Hart ist das unangenehmste: Seife schäumt nicht richtig, und wenn man Tee kocht, schwimmt dieser merkwürdige Film darauf.

Schaumschläger und Ökosäckchen

Denken Sie bitte nicht „viel hilft viel" – zu viel Schaum ist nicht gut. Und halten Sie sich an Empfehlungen wie „Benutzen Sie das *Ökosäckchen*" – das ist zwar eine wunderliche Wortschöpfung, aber besagtes Ökosäckchen soll verhindern, dass nicht richtig aufgelöstes Waschpulver in Kontakt mit der Kleidung kommt. Dann könnte es nämlich passieren, dass die Wäsche an einigen Stellen „sauberer" ist als an anderen – will sagen: Ihr vorher unifarbenes Shirt ist plötzlich gesprenkelt.

Weichspüler nehme ich nie (muss aber fairerweise sagen, dass ich im Wäschetrockner trockne – bei einem normal gewaschenen und auf der Leine getrockneten Frotteehandtuch kann man sich morgens das empfohlene Trockenbürsten der Haut sparen). Weichspüler (auf Neudeutsch seit einiger Zeit auch „Gewebe-Conditioner") können aber empfindliche Haut reizen und übertönen jedes Parfüm.

Sie haben also Ihre Wäsche vorsortiert. Dabei können Sie gleich die Taschen noch mal durchgucken – ein auf 90 °C gewaschener Zwanzigeuroschein ist auch durch Bügeln nicht mehr hinzukriegen.

Bei Hosen, Pullovern und Oberhemden empfiehlt es sich, das Kleidungsstück vor dem Waschen auf „links" umzudrehen. Schließen Sie alle Reißverschlüsse, so halten sie länger.

Versuchen Sie, Flecken vor der Wäsche zu entfernen (siehe Kapitel „Fleckenapotheke", S. 68). Falls etwas kaputt ist, reparieren Sie es vor dem Waschen – das Loch wird sonst mit Sicherheit größer!

Dem Dreck gehts an den Kragen

Sind der *Hemdkragen* oder die *Manschetten* stark verschmutzt, lohnt es sich, eine Tube Saptil zu kaufen und den Kragen vor der Wäsche damit einzureiben, und möglichst eine halbe Stunde einwirken lassen, so kann der stärkere Schmutz besser herausgelöst werden.

Sortieren Sie die Wäsche innerhalb ihrer Gruppe (Feinwäsche, Kochwäsche etc.) bitte nach hell/dunkel. Es gibt einige dunkelfarbene Kleidungsstücke, die bis ans Ende ihrer Lebensdauer unermüdlich weiter färben. Es gibt eine Möglichkeit zu testen, ob das Zeug färbt: Auf eine möglichst unsichtbare Stelle wie den Saum legt man etwa fünf Minuten ein angefeuchtetes Baumwollläppchen. Bleibt es weiß, kann man davon ausgehen, dass das Kleidungsstück nicht färbt.

Jetzt rein mit den Sachen in die Waschmaschine, aber bitte nicht zu voll packen – ungefähr zweidrittel voll, das reicht. Sonst kommt die Lauge nicht richtig an den Schmutz heran, und alles kommt arg zerknittert aus der Trommel.

Das richtige Programm wählen, waschen und eventuell extra schleudern (kommt auf die Umdrehung Ihrer Waschmaschine an) – das kann viel Trockenzeit ersparen.

Kommt Ihnen das Wäschewaschen jetzt wie eine komplizierte Geheimwissenschaft vor, die noch dazu mühselig und zeitraubend ist? Dann lesen Sie mal diese Schilderung aus der Zeit der Viktorianer (und das ist nun noch nicht allzu lange her):

> Sie wusch ein fliederfarbenes Kleid und gab eine Prise Natrium ins Spülwasser, wobei es wichtig war, genau die richtige Menge zu nehmen, da sonst die Farbe ausbleichte. Für ein grünes Kleid brauchte sie zwei Esslöffel Essig auf einen Liter Wasser. Sie hatte damit gewartet, ihr bestes geblümtes Kleid und zwei von Jemima zu waschen. Heute war endlich Zeit genug, die empfohlene Mischung dafür vorzubereiten: frische Efeublätter mit einem Liter Kleieabsud und ein viertel Pfund gelber Kernseife ...
>
> Dann musste gestärkt, oder besser gesagt appretiert werden. Feines Musselin wurde mit Fischleim behandelt. Sie hatte noch drei halbe Blätter, die sie jetzt in kleine Stücke brach und dann in Wasser auflöste. Anschließend tauchte sie die Batist- und Musslinstücke hinein und hängte sie zum Trocknen auf, bevor sie sie bügelte. Die Chintzvorhänge würden bis zum nächsten Mal warten müssen, sie hatte keine Lust, auch noch Reiswasser aufzukochen.
>
> Als die Wäsche fertig war – es war schon Nachmittag – machte sie sich daran, das Bügeleisen zu reinigen, wozu sie frisches Hammelnierenfett ausließ und es über die lauwarmen Eisen strich, die sie dann mit ungelöschtem Kalk bestreute.
>
> Anne Perry: Belgrave Square, S. 169

Fast hätte ich es vergessen: Einige Kleidungsstücke dürfen nur in der *chemischen Reinigung* gereinigt werden. Zum Beispiel Jacketts, Anzüge, Hosen aus Wollstoff usw. Man erkennt das an diesen Zeichen: Ⓟ Ⓐ

Chemie kommt auf Dauer teuer

Diese Zeichen würde ich mir auch gut einprägen und beim Kleiderkauf aufmerksam betrachten: Es gibt Kleidungsstücke, da hat man keine Wahl (siehe Jackett) – aber wenn das Zeichen in einem Pullover steht, dann rechnen Sie sich aus, wie viel das gute Stück Sie nach etlichen Reinigungsbesuchen wirklich kosten wird. (Ähnliches wird Ihnen klar, wenn Sie Ihre Oberhemden, die man ja täglich wechselt, einfachheitshalber in die Wäscherei geben – so toll wie da wird man sie zwar nie selbst bügeln können, aber dieser Luxus hat seinen Preis. Außerdem werden Kragen und Manschetten meiner Erfahrung nach viel schneller ruiniert.)

Haben Sie einen *Wäschetrockner,* sind Sie fein raus. Jedenfalls wenn die Zeichen  oder  auf dem Pflegeetikett stehen (dies ist auch ein Grund, wieso vielleicht das weiße Baumwollunterhemd teurer als sein Nachbar vom Grabbeltisch ist). Ohne diese Zeichen heißt es Risiko – wenn Sie eine Spielernatur oder ganz einfach bequem sind: Testen Sie es, aber meckern Sie nicht, wenn sich die geräumige Boxershorts in einen gewagten Tanga verwandelt hat. Wollen Sie auf Nummer sicher gehen, heißt es: entweder in der Küche oder auf der Leine im Hof trocknen (so eine *Leine* kann man vorher mit einem feuchten Lappen abreiben – ich hab damals im Studium herzlich über diese Angewohnheit meiner Zimmerwirtin gelacht und dachte: „Sie hat wohl sonst nichts zu tun“. Falls Sie im Ruhrgebiet wohnen, werden Sie den tieferen Sinn dieser Handlung entdecken – oder die beiden dunklen Stellen, wo die Wäscheklammern Ihr gutes Stück auf die Leine hefteten, sorgfältig in die Hose stopfen müssen. (Oder tu ich dem Ruhrpott jetzt Unrecht und die Luft ist heute schon viel besser?)

Auch die Leine liebt das Reine

Nicht so beliebt bei Zimmerwirtinnen ist das Trocknen von Wäsche in der Wohnung (es sieht irgendwie auch etwas ungemütlich aus). Für ein Paar abends im Waschbecken gewaschene Socken finde ich einen klappbaren Wäschetrockner im Bad aber ganz in Ordnung (noch praktischer ist der an die Wand zu dübelnde Ausklapptrockner, den man in zusammengefaltetem Zustand kaum bemerkt). Bei größerem Aufkommen bleibt Ihnen jedoch nur die Leine. Sie stehen nun also davor …

In einer Fernsehsendung gab es vor einiger Zeit einen Beitrag zum Thema „Wie hänge ich meine Wäsche richtig auf?“

Zugegeben: ich grüble hier bei diesem Buch schon manchmal, ob meine Tipps nicht zu einfach sind (und teste sie dann, indem ich meinen Sohn frage: „Wie würdest du eigentlich eine Melone servieren?“ Und wenn die Antwort zeigt, dass Hilfe angebracht ist, wage ich meinem Computer auch diese schlichten Weisheiten anzuvertrauen). Aber „Wie hänge ich meine Wäsche richtig auf?“ enthielt wirklich nicht gerade viele Erleuchtungen. Man lernte:

„Generell gilt: Wasser läuft nach unten. Daher hängen Sie bitte die Wäschestücke mit den schweren Enden nach oben auf, z. B. Hosen am Bund." Dem lässt sich praktischerweise hinzufügen: Nehmen Sie einen Klemmhosenbügel und befestigen Sie Ihre nassen Jeans damit – so haben Sie einen viel glatteren Bund als mit Wäscheklammern.

Auch stimmte ich nicht mit dem Tipp überein: „T-Shirts hängen Sie am Ärmelansatz über die Leine". Warum? Auf einem Bügel aufgehängt bleiben sie ohne jeden hässlichen Knick über dem Oberkörper! Also besser wieder Tipps von mir:

Man muss nicht alles bügeln

Wenn man Stücke bügeln will/muss, spart man sich viel Arbeit, indem man z. B. die Hemden noch *leicht feucht* von der Leine nimmt. (Ich gehe mal davon aus, dass Sie weder Bettwäsche noch Unterwäsche noch Handtücher bügeln wollen – nennen Sie mich eine schlechte Hausfrau, aber ich empfinde das als pure Zeitverschwendung. Wobei ich es im Hotel durchaus genieße, unter wunderbar gebügelte, leicht gestärkte weiße Leinenbettwäsche zu krabbeln – aber zu Hause nehmen Sie besser Jersey oder Biberbettwäsche. Nun gut – noch ein Geständnis: Ich benutze auch Tischsets statt der prachtvollen weißen Leinendecke auf dem Esstisch.)

Gut gelegt ist halb geplättet:

Das Bügeln

Man braucht:

Dampfbügeleisen, destilliertes Wasser, Bügelbrett, evtl. Ärmelbügelbrett, evtl. leicht feuchtes Tuch

Wie hat es die englische Haushaltsexpertin Shirley Conran so schön formuliert: „The secret of ironing is to avoid it" – „Das Geheimnis des Bügelns besteht darin, es zu vermeiden."

Aber manchmal braucht man doch ein gebügeltes Oberhemd, und die Wäscherei, die das für Sie machen würde, kostet viel Geld. Besorgen Sie sich also ein *Dampfbügeleisen.* Benutzen Sie dafür nur destilliertes Wasser (das gibt es in großen Kanistern günstig in Drogeriemärkten), auch wenn in der Gebrauchsanweisung etwas anderes steht. Ich habe es mit dem empfohlenen normalen Leitungswasser benutzt – das Bügeleisen verkalkte dann langsam, aber stetig – und Dampfbügeleisen haben ihren Preis, besonders die ganz neuartigen, auf deren Sohle zahlreiche Löcher in trickreicher Anordnung sind.

Machen Sie Dampf!

Wählen Sie ein nicht zu schweres Eisen, achten Sie drauf, dass Sie das Kabel nicht behindert: Als Linkshänder kann man am besten mit einem schnurlosen (teuren) Eisen bügeln oder mit einem, das den Kabelanschluss oben am Gerät hat.

Auf dem Temperaturregler sieht man, welche Einstellung man für welches Gewebe braucht:

 nicht heiß bügeln
 mäßig heiß bügeln
 heiß bügeln
 nicht bügeln

Die Punkte auf den Symbolen entsprechen den Einstellungen auf Ihrem Bügeleisen. Eine *Kontrolllampe* leuchtet auf, wenn die gewünschte Temperatur erreicht ist.

Auch Bügelwäsche vorsortieren

Sinnvollerweise haben Sie sich die Bügelwäsche schon vorsortiert: mit den niedrigsten Temperaturen anfangen, bis Sie sich zur Baumwolle steigern. Einige Hinweise zu einzelnen Geweben finden Sie auch im Kapitel „Kleine Wäschekunde“.

Achtung! Eklig ist zu heiße Temperatur bei bedruckten T-Shirts (aber aus dem Alter sind Sie eh raus ...): Plötzlich wird das muntere Dahingleiten des Eisens jäh gestoppt – brems! quietsch! – und man hat auf der Sohle des Bügeleisens eine hässliche Bremsspur aus Schmiere. Die kriegt man erst von dem erkalteten Eisen – hoffentlich – wieder runter. Haushaltsbücher empfehlen „feine Drahtwolle“ – aber benutzen Sie die keinesfalls bei einer Teflonsohle.

Oder „Kerzenwachsstift“ – das war mein letzter „Glückskauf“ bei einem großen deutschen Kaffeeröster: ein Bügeleisen-Reinigungsset. Es enthielt einen Reiniger-Stift, der sich als Wachsstift entpuppte – man sollte ihn über die warme Bügeleisensohle streichen (Stecker vorher rausziehen!), sparsam auftragen und gleich wieder auf einem alten Tuch abbügeln (weiterhin ohne Stecker). Nun, – *mein* Bügeleisen spielte nicht mit und sah hinterher noch genauso verschmutzt aus wie vorher (was mir ein merkwürdig unvollkommen erscheinendes Zitat in einem Haushaltsbuch der Siebzigerjahre erklärte: Da stand als Tipp Nummer acht zum Thema „Bügeleisenpflege" nur: „Verschmutzte und klebrige Bodenplatten resultieren aus zu heißem Bügeln von Kunstfasern." Ende des Textes). Das hatte ich allerdings schon selbst herausgefunden.

Mürrisch habe ich dann 6,50 € in den Mülleimer geworfen – nämlich das komplette Bügeleisenreinigungsset.

Biedermänner und Brandstifter

Bügeleisen können – und sollen – sehr heiß werden. Deshalb passen Sie auf Ihre Hände auf – und stellen Sie das Ding, wenn Sie es gerade nicht brauchen, weil Sie vielleicht das nächste Stück Wäsche aus dem Korb nehmen, auf den vorgesehenen Metallabstellplatz – sonst ziert sehr schnell ein hässlicher Brandfleck Ihr schönes Oberhemd.

Neben dem Bügeleisen brauchen Sie auch ein gutes *Bügelbrett.* Klar, man kann auch auf einem Tisch bügeln (früher gab es dafür dicke Moltonunterdecken, die das Holz des Tisches schützen sollten – aber ich vermute, in Ihrem Appartement finden Sie eher Platz für ein zusammenklappbares Bügelbrett als für einen massiven Wohnzimmertisch).

Ein Bügelbrett sollte so hoch sein, dass man bequem im Stehen daran arbeiten kann – was ein genauso guter Scherz ist wie die passende Schuhgröße 46, ausreichend lange Betten, richtig hohe Waschbecken etc.: Es gibt sie höchstens als Sonderanfertigung. Die Jugendlichen werden immer größer, aber die Industrie geht weiterhin vom durchschnittlichen Neandertaler-Größenideal aus: Alles ist zu niedrig.

Ich bin „nur" 1,78 m groß und habe schon mit einer normalen Küchenzeile Probleme (wir haben ein Podest darunter gebaut) und für Zweimetermänner ist ein Waschbecken auf Kniehöhe ein sicheres Ticket zum Orthopäden, und die derzeit im Handel angebotenen Bügelbretter eben leider auch.

Man kann natürlich auch im Sitzen Bügeln – ich schaff das allerdings irgendwie nie. Dazu müsste man dann auch einen Stuhl mit Rollen benutzen, damit man um das Brett herumkurven kann. Ob Sie ein separates Ärmelbügelbrett brauchen, müssen Sie selbst entscheiden – es geht auch ohne.

Das **Bügeln** eines **Oberhemds**

Die besten Bügelergebnisse erzielt man, wenn der Stoff nicht knochentrocken, sondern „bügelfeucht" ist.

„Bügelfeucht" gibt es als Programm im Wäschetrockner. Wenn Sie keinen haben, können Sie Hemden, die tropfnass aus der Waschmaschine kommen, erst mal auf der Leine abtropfen lassen und dann schon gleich bügeln. Kaufen Sie sich so viele Oberhemden, dass Sie nicht jeden Tag eins waschen und dann jedes Mal den ganzen Bügelzirkus aufbauen müssen.

Manchmal vergesse ich, die abgetropfte Wäsche gleich zu bügeln – dann bestraft mich das Leben, da die wirklich trockene Wäsche meist aus winzigen Knitterfältchen besteht, selbst wenn ich sie mit feinem Wassernebel aus der Blumenspritze anfeuchte oder auch bei Dampfeinsatz aus dem Eisen.

Der Zen-Weg des Bügelns

Noch ein Tipp: Bügeln Sie langsam! Das ist wie beim Staubsaugen: Einmal Drüberhuschen bringt wenig Erfolg.

Manche Pulloverbesitzer machen sich das Leben bequem und bügeln nur Hemdkragen und Manschetten – dann sind sie allerdings dazu verdonnert, auch in gut warmen Räumen ihren Pullover anzubehalten („Mich fröstelt so!"). Ansonsten machen Sie es folgendermaßen:

Sie heizen das Bügeleisen auf, bis die Kontrolllampe erlischt und lassen das Eisen auf dem Abstellgitter stehen.

1. Legen Sie das Oberhemd aufgeknöpft mit dem Rücken nach unten vor sich auf den hinteren Teil des Bügelbretts, der Kragen hängt etwas über das Bügelbrett. Ziehen Sie den rechten *Ärmel* heraus, streichen ihn längs auf dem Brett glatt und fangen dann an, erst den Schlitzbesatz und dann die geöffnete Manschette von links (= innen), dann von rechts (= außen) um die Knöpfe herum zu bügeln.

2. Dann den Ärmel noch einmal glatt streichen und von der zugeknöpften Manschette zur Schulternaht bügeln – und von der Achsel zur Manschette zurück. Dadurch läuft von der Schulter ein Kniff zur Manschette, das ist okay. Dann stellen Sie das Eisen wieder auf das Abstellgitter.
3. Nachdem der eine Ärmel fertig gebügelt ist, kommt die Außenseite des *Kragens* einschließlich des sich darunter befindlichen Streifens dran: Legen Sie den Kragen vor sich auf das Brett, ziehen Sie ihn vorsichtig straff und bügeln Sie von den Spitzen des Kragens zur Mitte hin.
4. Dann ziehen Sie das Armloch so über die Spitze des Bügelbretts, dass die Passe (das ist der doppelte Stoffteil unter dem Kragen am Rücken) zur Hälfte glatt auf dem Brett liegt. Sie wird erst von innen gebügelt, dann verfahren Sie mit dem anderen Armloch und der anderen Passenhälfte genauso. Drehen Sie das Hemd und bügeln sie genauso von außen. Eisen wegstellen. Dann bügeln sie den linken Ärmel so wie vorher den rechten, und dann die Innenseite des Kragens. Eisen abstellen.

Schritt für Schritt zum Erfolg

5. Nun legen Sie das rechte *Vorderteil* Ihres Hemdes glatt gestrichen vor sich auf Ihr Bügelbrett (dann befindet sich der Kragen an der Bügelbrettspitze und Ärmel und Rücken des Hemdes hängen herunter). Sie bügeln nun die Knopfleiste zuerst von links (also innen), dann von rechts. Wenn Sie Ihre Knöpfe behalten möchten, sollten Sie vorsichtig um sie herum bügeln, sonst gehen sie kaputt (dann können Sie sich noch einmal das Kapitel „Wie man einen Knopf annäht" reinziehen). Eisen wegstellen. Dann kommt die Hälfte des *Rückenteils,* anschließend die andere Hälfte des Hemdes unter der Passe dran. Dann mit dem linken Vorderteil wie beim rechten verfahren. Fertig!

Das klappt nicht gleich beim ersten Mal völlig faltenfrei – wie bei so vielen Dingen heißt es: „Üben, üben, üben!"

Das **Bügeln** einer **Hose**

Wenn Sie die Hose tropfnass am Hosenbügel aufgehängt und ordentlich glatt gestrichen hatten, kann es sein, dass Sie mit relativ wenig Bügeln hinkommen.

Bei manchen Hosenarten wie *Jeans* oder *Chinos* reicht es oft, nur die Hosenbeine zu bügeln (die brettartige Härte der ungebügelten Jeans verschwindet nach einmaligen Tragen). Da Jeans keine Bügelfalte brauchen, legen Sie die Vorderseite der Hose einfach glatt vor sich hin und bügeln das Bein vorne und dann hinten. Wenn Sie allerdings elegantere Hosen tragen, wird es etwas mühseliger.

1. Zuerst nehmen Sie die bügelfeuchte Hose so, wie Sie sie hoffentlich auch in der Waschmaschine gewaschen haben, nämlich auf „links" gedreht, also das Innere nach außen. Den Reißverschluss (der beim Waschen geschlossen war), haben Sie geöffnet. Sie ziehen den oberen Teil der Hose über die Spitze bis zum Schritt über Ihr Bügelbrett und bügeln zuerst den Hosenbund von links, dann von der anderen Seite (die Hose bleibt aber weiter auf links).
2. Jetzt wird das Vorderteil der Hose, dann das Hinterteil immer von der Taille nach unten bis zum Schritt gebügelt (Sie müssen die Hose dabei auf der Bügelbrettspitze nach und nach drehen), dabei die Innentaschen mitbügeln.
3. Nun legen Sie bei einem Hosenbein Naht auf Naht und bügeln zuerst die Innen-, dann die Außenseite, anschließend das andere Bein genauso.
4. Sie drehen die Hose auf rechts. Wieder bügeln Sie Vorder- und Hinterteil wie vorher. Wenn Sie eine *Bundfaltenhose* haben, muss man von unten im Schritt in die Bundfalten hineinbügeln.
5. Dann nehmen Sie die Hose vom Bügelbrett. Der Reißverschluss wird geschlossen.
6. Wieder wird jedes Hosenbein gebügelt, und wieder haben Sie vorher die innere und äußere Naht eines Hosenbeins aufeinander gelegt und die Beine von innen und außen gebügelt.

Falten machen mehr Arbeit

7. Wollen Sie eine *scharfe Bügelfalte* haben, so gibt es noch ein bisschen mehr Arbeit. Sie legen wieder die innere und äußere Hosennaht aufeinander und achten darauf, wo vorne bei der Hose der Abnäher ist. Hinten brauchen Sie bloß das Hosenbein von der Mitte nach außen glatt zu streichen.
8. Sie beginnen das Bügelfaltenbügeln beim unteren Hosenbein (das, was obenauf liegt, falten Sie vorsichtig zusammen bis

zum Schritt, so ist es Ihnen nicht im Weg). Sie fangen beim unteren Hosenbein mit der vorderen Bügelfalte an, und zwar wird vom Saum aus und von der Naht zur Bügelfalte hin gearbeitet. Hinten genauso.

9. Sind Sie mit beiden Hosenbeinen fertig, dann legen Sie sie aufeinander und bügeln die Bügelfalten noch einmal von außen. Fertig! Jetzt auf dem Hosenbügel aufhängen, und warten, bis das gute Stück – und Sie! – abgekühlt sind.

Glanz bei Wolle ist kein Glamour

Tipp: Damit Wollstoff nicht glänzt, sollten Sie ein leicht feuchtes Tuch darüber legen. Dann sieht man allerdings nicht mehr genau, was man macht.

Noch ein Tipp: Wollen Sie die Bügelfalte einer schon getragenen Hose auffrischen, müssen Sie aufpassen, dass Sie keine Flecken draufhaben, die würde man nämlich stärker in den Stoff reinbügeln. Und eine getragene Hose muss man vor dem Aufbügeln immer ausbürsten!

Da Bügeln nicht zu meinen Lieblingsbeschäftigungen zählt, bin ich anfällig für muntere Versprechungen, z. B. für das Angebot, dass plötzlich alles ganz leicht und zauberhaft und völlig knitterfrei vonstatten gehe. 30 € habe ich hingeblättert für eine Art Schlicht-Bügeleisen (Eisen? – billiges Plastik!), das in der Herstellung vielleicht 2 Cent gekostet hat (wenn man das Kabel nicht mitrechnet).

Ja, ich spreche von diesem *kleinen Dampfbügler*, dem Zauberstab der bügelunwilligen Hausfrau (wobei die Käufer fast alles Männer waren, betört von den beiden Vorführverkäufern, die im Handumdrehen viele verknitterte Klamotten auf der Kleiderstange zu glatter Schönheit dämpften. Wusch – und schon völlig ohne Falten! Wusch – nur einmal mit dem Wunderding über die Hose, und schon ist eine astreine Bügelfalte vorhanden – traumhaft!). Zu Hause habe ich dann gemerkt, dass ich eigentlich einen elektrischen Wasserkocher gekauft hatte: Der kocht das Wasser, Dampf tritt aus – Action!

Aber obwohl es wirklich Leute gibt, die mit dem Ding die Sachen glatt bekommen, so ist es doch keine Hexerei – und muss genauso geübt werden wie das Bügeln mit dem Bügeleisen auch. Zu dem ich übrigens wieder reumütig zurückgekehrt bin.

Tintenkiller und Fleckenteufel:

Die Fleckenapotheke

Flecken wieder rauszukriegen ist Glücksache. Je schneller man einem Fleck zu Leibe rückt, desto größer ist die Chance, ihn zu besiegen.

Der beste Tipp: die *Fleckvermeidung* – d. h.: Schürze umbinden beim Kochen. Oder: Wenn Sie frühstücken und hinterher einen wichtigen Termin haben: Dann essen Sie, und ziehen dann erst die „guten Sachen" an – mit Garantie kleckert Ihnen sonst Konfitüre auf Ihr Oberhemd oder das berühmte Eigelb auf den Schlips.

Essig für alles?

Es gibt unendlich viele Ratschläge – die sich zum Teil widersprechen oder abenteuerliche Zutaten aus der Hexenküche verlangen – die zähle ich hier nicht auf. (Ich könnte ohne Übertreibung locker 20 Seiten füllen – bei den ersten zehn würde sich Ihnen der Eindruck aufdrängen, ich hätte einen Werbevertrag mit der Essigindustrie.)

Ich gebe auch immer nur die relativ sanften Methoden an – verzichte z. B. also auf Hydrogen-Peroxyd. In schweren Fällen wenden Sie sich lieber an Ihre Reinigung (möglichst ohne vorher fünf verschiedene Mittelchen auf dem Fleck getestet zu haben). Die wenigen Sachen, die ich aufzähle, sind getestet – trotzdem lege ich nicht die Hand dafür ins Feuer, denn jeder Stoff, jede Farbe kann anders reagieren.

Probelauf im Unsichtbaren

Deshalb rate ich Ihnen, es auf jeden Fall vorher selbst an einer möglichst *unsichtbaren Stelle* zu testen – also z. B. am Saum innen, um zu sehen, ob man den Schaden nicht noch verschlimmert. Man sollte Flecken immer von außen nach innen behandeln – sonst reibt man sie noch größer!

Ein empfehlenswertes Mittel zur Fleckenbehandlung für empfindliche Gewebe ist Acè aus der Drogerie (Gebrauchsanweisung lesen).

Wichtig: Behandeln Sie Flecken immer so schnell wie möglich und nie mit heißem Wasser, sonst haben Sie sie vielleicht verewigt. Immer sanft vorgehen, immer die Feuchtigkeit nach der Fleckbehandlung so gut es geht wegtupfen.

- **Bier:** Sofort mit viel kaltem Wasser abtupfen.
- **Blut:** Salz auf die feuchte Stelle geben, nur in *kaltem* Salzwasser auswaschen. Angetrocknete Blutflecken sind äußerst schwierig zu entfernen.
- **Butter:** Flüssiges Feinwaschmittel auf den Fleck geben, dann in warmem Wasser auswaschen.
- **Eigelb:** Mit reichlich Salz bestreuen, antrocknen lassen, ausbürsten, mit kaltem Wasser betupfen, dann waschen.
- **Kaffe**: In lauwarmen Wasser lösen. Eventuell mit Essig abtupfen.
- **Kaugummi:** Eine Zeit lang das Kleidungsstück mit dem Klebfleck drauf in ein Kühlfach legen (das tat Marilyn Monroe im Sommer mit ihrem Nachthemd – ohne Kaugummifleck – sowieso), dann mit einem sauberen Messer abkratzen, Terpentin darauf tupfen, waschen. Man kann es auch mit einem Spray für Sportverletzungen vereisen und danach abkratzen.
- **Kugelschreiber:** Hier hilft nur „Fleckenteufel" aus der Drogerie. Einen winzigen Strich kann man mit Haarspray einsprühen und versuchen, ihn mit einem Tuch abzuwischen.

Was schreibt, das bleibt

- **Lippenstift:** Mit Alkohol betupfen, dann waschen.
- **Make-up:** Genauso.
- **Preisschilder:** Die blöden Dinger gehen oft leicht runter, wenn man sie eine Weile auf höchster Stufe föhnt – ansonsten mit etwas Essig betupfen und ablösen.
- **Rotwein:** Sofort auswaschen, eventuell zuerst mit Salz bestreuen, siehe Weißwein.
- **Ruß:** (Kerze oder Kamin?) Rasierschaum auftragen, einreiben, wie gewohnt waschen.
- **Schweiß:** 2 Esslöffel Salz in den Waschgang geben.
- **Schmiere:** Fahrradkette gerissen? Fleck mit kompaktem Spülmittel einreiben, dann waschen.
- **Tinte:** Salz und Zitronensaft – oder gleich in die Reinigung.
- **Uhu-Papierkleber:** Geht mit Aceton (Apotheke) raus.
- **Wachs:** Wenn der Wachsfleck auf Stoff ist, kratzt man so viel wie möglich mit einem Messer ab, dann legt man Löschpapier über den Fleck und bügelt ihn mit einem warmen Bügeleisen raus. (Bei Velour sollte man übrigens kein Löschpapier nehmen, sondern ein altes Frotteehandtuch über den Fleck legen

und bügeln.) Wenn es sich um rotes Kerzenwachs handelt, erst die Löschpapiermethode anwenden, dann die rote Farbe (die noch übrig ist) mit Acè auswaschen.

- **Weißwein:** entfernt Rotwein. Bei Rotwein kann man auch starkes Sprudelwasser auf den Fleck kippen und dann den Wein auftupfen.

Wie aus dem Ei gepellt:

Kleiderpflege

Halten Sie Ihre Sachen in Ordnung. Das heißt: Lüften Sie ein Jackett oder einen Pullover nach dem Tragen – besonders, wenn Sie in einer Disco waren und der Rauch noch in Ihrem Zeug hängt. Benutzen Sie *Kleiderbügel* aus Holz oder breitem Plastik – nicht die dünnen Drahtbügel aus der Reinigung. Ein Kleiderbügel für ein Jackett ist an den Schultern breit.

Hemden gekonnt zusammenfalten

Ihre *Oberhemden* können Sie am besten auf Bügeln im Schrank hängend aufbewahren – wenn Sie sie falten müssen, dann legen Sie das Hemd (zugeknöpft) mit der Vorderseite nach unten auf das Bett, schlagen etwa auf der Hälfte der Schulter den Arm über den Rücken, klappen dann den Ärmel nach unten. Mit der anderen Seite verfahren Sie genauso – dann liegt das Hemd als langes Rechteck vor Ihnen. Jetzt wird die untere Hälfte des Rechtecks nach oben geschlagen, das Ganze umgedreht – geschafft! Übrigens faltet man *Pullover* auf dieselbe Art.

Für *Hosen* gibt es extra Hosenbügel. Sie ziehen sich selbst wieder in Form, wenn man sie am Saum aufhängt. Messerscharfe Bügelfalten sind gar nicht so leicht hinzubekommen – beim Bügeln muss man ein feuchtes Baumwolltuch zwischen Bügeleisen und Anzugstoff legen, sonst glänzt der Stoff nach dem Bügeln.

(Den eigenartigsten Tipp fand ich in einem Buch der frühen Dreißigerjahre: Man sollte die Hose nachts unter die Matratze legen, sorgsam zusammengelegt, versteht sich – dann würde durch Gewicht und Wärme des Schläfers am Morgen ein perfektes Ergebnis vorgefunden.)

Heute gibt es für Perfektionisten, die nicht jeden Abend und Morgen ihre Matratze hochstemmen wollen, auch automatische Hosenbügler, in die die Hose eingeklemmt wird.

Vor dem Aufhängen eines *Jacketts* leeren Sie bitte die Taschen (wenn das jemand anders macht, sorgt das zumindest in vielen Romanen für spannende Verwicklungen).

Liebesbriefe in der Jacke

Hängen Sie ein Jackett nicht mit fehlendem Knopf zurück in den Schrank. Ich gebe Ihnen Brief und Siegel, dass Sie es gerade dann brauchen, wenn Sie es besonders eilig haben – und dann möchten Sie sicher nicht Zeit mit Knöpfeannähen verschwenden.

Knöpfe **annähen**

Man braucht zuerst einmal Faden (und Sie werden sich wundern, wie teuer so ein kleines Garnröllchen ist) in einer Farbe, die zu Ihrem Kleidungsstück passt. Dann eine feine Nähnadel und, sehr praktisch, einen Einfädler, womit man ruckzuck den *Faden* durch das Nadelöhr kriegt. Das kann man alles in der Kurzwarenabteilung eines Kaufhauses kaufen. Dann haben Sie hoffentlich den Knopf noch, der abgegangen ist – sonst wird es nämlich wirklich teuer, weil man gleich sämtliche Knöpfe ersetzen muss, wenn man keinen passenden Knopf findet (und den gibt es meiner Erfahrung nach nie! Deshalb auch mein guter Rat: Wenn Sie Ihr Jackett in die Reinigung bringen, prüfen Sie vorher, ob die Knöpfe fest sind – dann sind sie auch nach der strapaziösen Reinigungsprozedur noch dran).

Man nehme Nadel und Faden ...

Echte *Perlmuttknöpfe* gehören nicht in die Reinigung – sie verlieren den Glanz oder gehen kaputt. Auch Lederknöpfe nehmen eine Reinigung übel – da muss man sich die Mühe machen, alles vorher abzupulen und hinterher wieder anzunähen.

Aber Sie sitzen ja nun da mit Nadel und Faden in der Hand, in den Faden haben Sie hinten einen Knoten gemacht, sonst flutscht er gleich wieder durch. Das Sprichwort „Langes Fädchen – faules Mädchen“ fand ich zwar immer blöd, aber es ist besser, den Faden nicht zu lang zu machen: Er vertüdelt sich sonst garantiert, und dann muss man mit allem wieder von vorn anfangen.

Bei Knöpfen, die stark strapaziert werden, also viel halten müssen (Mantel, Jackett), empfiehlt es sich, den Faden *doppelt* zu nehmen.

Hoffentlich können Sie noch die Löcher – oder Fadenreste – entdecken, wo der Knopf vorher gesessen hat! Dort fängt man an: Von der Innenseite des Kleidungsstücks sticht man nach außen, mit der Nadel durch das erste Loch im Knopf. Jaaa – es ist gar nicht so einfach: Es gibt Knöpfe mit zwei oder vier Löchern, manche haben auch bloß eine Öse.

Den knöpf ich mir vor

Gucken Sie sich die anderen Knöpfe an Ihrem Jackett an: Entweder wurden bei vierlöchrigen Knöpfen immer zwei Löcher unter- oder nebeneinander miteinander verbunden, oder es wurde (seltener) über Kreuz genäht.

Also: Sie sind mit der Nadel durch das erste Loch rausgekommen und stechen jetzt – wie bei den anderen Knöpfen – von oben durch das andere Loch wieder nach unten in die Innenseite. Dies wiederholen Sie ein paar Mal, bis Sie das Gefühl haben: „Es reicht". Dann stechen Sie von der Innenseite wieder raus, aber beim letzten Mal nicht mehr durchs Loch des Knopfes, sondern Sie kommen seitwärts daneben unter dem Knopf raus. Dann wickeln Sie den Faden einige Male unter dem Knopf um das Garn – so bekommt der Knopf einen „Stiel" und man kann leichter auf- und zuknöpfen. Zu weit weg darf der Knopf natürlich auch nicht sein, sonst hängt er traurig aus dem Knopfloch.

Dann wieder mit der Nadel zurück in die Innenseite des Kleidungsstückes und vernähen, d. h. so mit der Nadel durch den Faden fahren, dass eine Schlinge entsteht, durch sie mit dem Faden durch und zum Knoten ziehen, mehrmals wiederholen.

Das hört sich komplizierter an, als es ist – nach ein paar Knöpfen können Sie das ganz schnell. (Oder Sie bitten eine Freundin.)

Nähte und sonstige Maßnahmen

Ich könnte Ihnen auch verraten, wie man einen Reißverschluss ersetzt, der kaputtgegangen ist – aber hier geht man am besten in die Änderungsschneiderei, wie beim Saumrauslassen einer Hose auch.

Eine aufgeplatzte Naht vergrößert sich in Windeseile – bei den Engländern heißt es: „A stitch in time saves nine" – „Ein Stich zur rechten Zeit erspart neun" – und das gilt nicht nur für die wörtlich genommenen Stiche. Sicherheitsnadeln wirken ziemlich schlampig.

Achten Sie auf saubere und nicht abgescheuerte Kragen und Manschetten.

Bürsten Sie Jacketts, Hosen und Mäntel ab und zu aus. Praktisch ist hier auch eine *Fusselbürste* (so eine Klebrolle, die die blonden Haare Ihres Afghanen vom dunkelblauen Blazer entfernt. Ach, Sie haben gar keinen Afghanen? Und ich dachte, Ihre Freundin sei rothaarig?)

Keine Experimente

Wenn man einen Fleck auf wirklich kostspielige Kleidung bekommen hat, rate ich von Selbstversuchen ab (außer Erste-Hilfe-Maßnahmen, siehe Kapitel „Fleckenapotheke", S. 68) – tragen Sie das gute Stück so schnell wie möglich in die Reinigung, sagen Sie, womit es verunziert wurde – und hoffen Sie, dass man den Fleck dort rausbekommt.

Über chemische Reinigung sind sich die Spezialisten uneins – so habe ich aus Bernhard Roetzels Buch über den „Gentleman" gelernt, dass „die Traditonalisten der Savile Row sagen, dass chemisches Reinigen überflüssig ist. Bürsten, auslüften und Dampf reichen aus." Und die müssen es eigentlich wissen. Schlechtes Bügeln in einer schlechten Reinigung strapaziert den Anzug jedenfalls sehr!

Hängen Sie Krawatten – so Sie denn welche tragen – nachher sorgsam wieder auf: Die guten Stücke sind oft aus Seide und daher recht empfindlich. Deswegen ziehen Sie auch beim Binden nicht daran wie an einem Strick – binden Sie sie behutsam. Achtung: Krawatten nie waschen! Und für die Reinigung gilt Ähnliches wie beim Anzug.

Auch Schuhe brauchen Ruhe

Schuhe sollten nur jeden zweiten Tag getragen werden (in der Zwischenzeit gehören sie auf einen Schuhspanner) – so haben sie Zeit zum Auslüften, und die Feuchtigkeit kann trocknen. Und bitte pflegen Sie Lederschuhe mit Schuhcreme – Leder wird sonst schnell brüchig, und das ist besonders bei teuren Schuhen ein Jammer. Bei eingecremten Schuhen kann außerdem der Regen nicht so schnell eindringen. Wenn sie einmal wirklich durchgeweicht sind, stopfen Sie sie mit Zeitungspapier bis in die Spitzen aus und lassen Sie sie trocknen – aber nicht vor einer hoch gedrehten Heizung („Wieso – geht doch schneller!") – Leder bricht sonst. Also Geduld. Sie haben ja noch ein zweites Paar.

Image-Schaden – schief gelaufen

Schief gelaufene Absätze wirken ziemlich schlecht (da nützt auch der Armani-Anzug nichts), bringen Sie sie zum Schuster (auch wenn ich das Gefühl habe, dass seit einiger Zeit mit Radiergummi besohlt wird – dreimal damit gelaufen, und schon muss ich wieder zum Besohlen).

Unterwäsche und Socken jeden Tag frisch anzuziehen, das ist selbstverständlich. Kaufen Sie so viele Garnituren, dass eine Maschinenwäsche sich lohnt.

Wenn Sie Ihre Sachen so toll gebügelt haben, dann möchten Sie sicher auch auf Reisen nicht im Knitterlook rumlaufen – besonders, wenn Sie wichtige Termine haben. Deshalb ein paar Tipps, wie Sie das Zeug so in den Koffer kriegen, dass Sie es hinterher auch noch wiedererkennen.

Das passt doch auch noch rein:

Koffer packen

Zuerst einmal besorgen Sie sich einen *guten Koffer.* Er darf nicht zu viel Eigengewicht haben, sollte aber für Flugreisen stabil sein.

Ich habe mir einen Delsey-Flugkoffer gegönnt und keinen Pfennig bereut. Er ist superleicht, hat aber einen stabilisierten Rand. Und das Beste: man kann ihn hinter sich herziehen.

Die Rollen meines Koffers haben ein besonderes Patent: Sie drehen sich in verschiedene Richtungen, und deshalb folgt Ihnen der Koffer nicht nur willig, sondern bleibt auch in Kurven stabil.

Und er hat neben dem stabilen, ausreichend langen Ziehgriff – ich bin groß und brauch mich damit trotzdem nicht zu bücken – auch noch einen Griff an der schmalen Seite, was sehr praktisch ist, wenn man den Koffer Treppen hoch- oder runterziehen muss (bei mir waren es etwa 300 Holzstufen beim Umbau der Londoner U-Bahn „Circle Line"). Man kann den Koffer problemlos über die Stufen bekommen – ein wahrer Segen.

Wählen Sie schwarz oder blau – mir hat zwar eine Verkäuferin mal einen teuren gelben Koffer angedreht („Den sehen Sie auf dem Förderband am Flughafen sofort!") – aber man sah auch alles andere auf dem Koffer.

Schuhe sollte man in einen Schuhbeutel geben, sonst kommt Schuhcreme oder Schmutz an Ihre Sachen. Die Schuhe kommen so in den Koffer, dass sie nicht verrutschen, wenn der Koffer aufrecht steht.

Schutz vor Schmutz

Nach Bernhard Roetzels „Gentleman" ist das Wichtigste beim Kofferpacken, dass Ihre *Jacketts* nicht verknautscht werden. Deshalb empfiehlt er, die Jacke mit dem Rücken auf den Boden des Koffers zu legen, die Schultern des Jacketts mit zusammengerollten Strümpfen auszustopfen, dann die Hose entlang der Bügelfalte zusammenzulegen und unter die Brust des Jacketts zu schieben (die soll nämlich etwas gewölbt bleiben) und dann die Ärmel und den unteren Teil des Jacketts über der Brust zusammenzufalten. Hemden und Pullover gehören in den oberen, etwas dünneren Kofferdeckel.

Mit Unterwäsche kann man den Koffer ausstopfen. Den Kulturbeutel würde ich möglichst separat packen (in die Außentasche des Koffers), denn es gibt eine Riesensauerei, wenn etwa das Shampoo ausläuft. Übrigens: In guten Drogerien können Sie kleine Behälter kaufen – achten Sie auf den Schraubverschluss –, in die man kleinere Mengen abfüllt. Man braucht keine Supergröße Shampoo für eine Woche.

Extratipps für Flugreisen

Guter Tipp: Da *Adressanhänger* am Koffer abreißen können, kleben Sie für Flugreisen Ihre Adresse noch einmal in den gepackten Koffer. Aber nehmen Sie den Hausschlüssel unbedingt in Ihr Handgepäck – sicher ist sicher.

Wenn Sie fliegen und einen *Mantel* mitnehmen möchten, würde ich ihn überziehen, egal wie warm es beim Abflug ist. Im Koffer nimmt er zu viel Platz weg und sähe nachher zerknittert aus. Während des Flugs legen Sie ihn ins Gepäckfach.

Apropos Flugzeug: Packen Sie auf jeden Fall einen kleinen Extrakoffer, ein Bordcase, den Sie als Handgepäck mitnehmen. Da gehört hinein: Ihr Bargeld und die Schecks (sofern Sie es nicht vorziehen, sie im „Gürtelsafe" oder Brustbeutel zu transportieren). Dazu Ihr Ausweis, die Reisetickets, ein kleiner Kulturbeutel mit Notfallausrüstung, Arznei, Schlüssel, Geschäftsunterlagen, Unterwäsche und Kleidung, um mindestens einen Tag zu überstehen, falls Ihr Gepäck woanders als Sie landet (und das kommt öfter vor, als man denkt).

Sparsam packen, selber tragen

Mich hat die Erfahrung gelehrt, dass es günstig ist, sparsam zu packen, denn man muss ja alles tragen.

- Hier hilft die farblich abgestimmte **Grundgarderobe**.
- Trotzdem sollte man, wenn es irgend geht – auf ein **zweites Paar Schuhe** nicht verzichten, denn wenn man überraschend in den Regen kommt, sind feuchte Schuhe sehr unangenehm. Es kommt wohl auf die Dauer der Reise an. Manchmal braucht man für die ganze Reise nur ein Bordcase, keinen Koffer. Da passt dann kein zweites Paar Schuhe rein. Dann sollte man aber Geld dabei haben, um notfalls billige Turnschuhe kaufen zu können – die hindern einen nicht einmal, Bundestagsabgeordneter zu werden – und als Minister reisen Sie dann sowieso mit größerem Gepäck.
- Flecken kommen vor – deshalb ist eine **zweite Hose** unbedingt zu empfehlen.
- Das „Zwiebelprinzip" erlaubt Ihnen, sich bei kälterem Wetter in **mehrere dünne, zueinander passende Lagen** zu hüllen. Das ist besser als ein dicker Skipullover, der den halben Koffer in Beschlag nimmt.
- Für mich gehören zur Reisegrundausstattung auch **Ohrstöpsel**, eine seidene Schlafbrille und ein kleiner **Reisewecker** (ich habe schon erlebt, dass der Weckdienst nicht funktionierte). Dass Sie Ihre Walkman-Ohrstöpsel nicht vergessen (mit denen man sich im ICE einstöpseln kann), setze ich einfach voraus.
- Genügend **Kleingeld** sollten Sie dabei haben für Gepäcktrolleys, Zeitschriften oder etwas zu essen. Und falls Sie telefonieren möchten: Denken Sie an das **Ladegerät** für das Handy. Das Handy funktioniert im Zug oder am Flughafen nicht im-

mer. Wenn es funktioniert, denken Sie an Ihre Lautstärke. Merkwürdigerweise sprechen viele Menschen sehr laut in ihr Handy.

- Wenn man beim Fliegen leicht Ohrenschmerzen kriegt: Nehmen Sie sich **Kaugummi** mit und kauen Sie – das lindert den Druck auf den Ohren. Übrigens habe ich von einem Fluglotsen erfahren, dass man unbedingt zum Zahnarzt gehen sollte, wenn man nach einer Landung stechende Schmerzen in einem Zahn hat: Dann kann unter der Füllung etwas faul sein!

Zahnschmerzen bei der Landung?

- Beim Fliegen viel trinken – Wasser, nicht Alkohol. Schuhe sollte man mindestens eine halbe Stunde vor der Landung wieder anziehen, damit die Füße sich an die Enge gewöhnen.
- Ich traue dem Teppichboden in manchen Hotels nicht – deshalb habe ich immer ein Paar dünne **Pantoffeln** oder **Spezialsocken** dabei.
- **Papierwaschlappen,** Papierkosmetiktücher, kleine Proben von Seife (meist im Hotel vorhanden) und Haarwaschmittel. Kein Föhn – der ist schwer und im Hotel eigentlich stets vorhanden, ein Reisezahnputzset, eine kleine Ration Körperlotion (damit sind sie auch in guten Hotels oft sehr sparsam – da ich groß bin und viel brauche, nehme ich für mehrtägige Fahrten einfach eine kleine Dose Niveacreme mit – das ist zwar zeitraubender beim Eincremen als Lotion, aber leichter zu tragen und platzsparender).
- Nehmen Sie für geschäftliche Aufenthalte das kleine **Dampfbügelgerät** mit – es wiegt fast nichts, aber man kriegt die Knitter aus den Klamotten. In einem guten Hotel gibt es auch einen Bügelservice – wenn man das Geld für das Hotel hat, hat man es vielleicht auch dafür.
- Wenn Sie am Ferienort vieles eingekauft haben – zum Beispiel tolle englische Bücher – packen Sie ein **Paket** und schicken es an sich selbst, so bleibt Ihr Koffer leichter.
- Zugegeben, etwas exzentrisch ist das schon, und ich mache das auch nur, wenn ich mit dem Auto fahre: Ich nehme mein eigenes **Spezialkopfkissen** mit.
- Ein guter **Krimi** oder ein anderes Buch gehört für mich auch dazu.

1
EURO
AL

Ohne Moos nix los:

Vom Umgang mit Geld

Wenn Sie jetzt völlig selbstständig wirtschaften müssen, ist es gut, sich ein paar Gedanken über den Umgang mit Geld zu machen. Das ist etwas, was in groben Zügen schon bei der Verwaltung des Taschengeldes gelernt worden sein sollte. Auf viele Jugendliche trifft das aber doch nicht zu. So zeigte die Studie eines Oldenburger Professors, wie oft Jugendliche Schulden machen. Die Banken machen es so einfach. Während Bill Gates mit 19 Jahren sein Studium abbrach, mit einem Freund zusammen die Firma Microsoft gründete und schon mit 31 Jahren Multimillionär war, plagen sich laut ZEIT-Artikel vom 20. Januar 2000 allein in Deutschland viele Bundesbürger damit, „raus aus dem Sumpf" von 220 Mill. € Schulden durch Konsumkredite zu kommen. Das sind nicht die Kredite der Häuslebauer – hier stehen die Deutschen mit 634 Mrd. € in der Kreide.

Verführung zum Konsum

Konsumkredite – das erklärt mir, wieso sich so viele Menschen, die weniger verdienen als ich, ständig neue Autos leisten können, dazu tolle Urlaube und neue Wohnzimmereinrichtungen. Da wird auch klar, wieso der Ruf nach mehr *Schuldnerberatungsstellen* laut wird und das Bundesfamilienministerium eine Broschüre herausgibt: „Was mache ich mit meinen Schulden?" (telefonische Bestellung unter 0 18 88 / 80 80 800).

Nun sind das die Konsumschulden sämtlicher Erwachsenen. Laut Münchener Schuldnerberatungsstelle sind die Schuldner aber eher jung als alt, und es wird mit „immer mehr jüngeren überschuldeten Menschen" (FAZ vom 29. Januar 2000) gerechnet. Als eine Ursache werden die „Konsumanreize des bargeldlosen Verkehrs, auch die Verführungskünste des Internets" genannt. Auch die Banken seien schuld, die in ihrer Werbung das Motto abgewandelt haben in: „Lebe heute und bezahle nächstes Jahr". Aber auch die Schulen bekommen wie stets ihr Fett ab. Sie sollten den Kindern beibringen, wie die „modernen Instrumente des Zahlungsverkehrs funktionieren, und nicht nur, wie der Mensch zu stricken und zu kochen habe". Deshalb also dies Kapitel, denn an welcher Schule lernt man das schon? (Bei tieferem Nachdenken: Wo lernen Sie stricken und kochen?) Ich glaube, dass viele Jugendliche auch in der Familie kein Vorbild haben, an dem sie den sorgsamen Umgang mit Geld erlernen könnten –

was bedeutet, dass man auch mal kurzfristig auf etwas verzichten muss, um langfristig auf ein größeres Ziel hin zu sparen. Deshalb rede ich hier nicht vom DAX, Aktien oder Börsenkursen, sondern vom täglichen Umgang mit dem Geld. Dazu gehört das Führen eines Haushaltsbuchs.

Soll und Haben: **Das Haushaltsbuch**

„Was?", höre ich Sie, „wozu ein Haushaltsbuch führen – bei dem bisschen Geld, das ich zu verwalten habe – das wird doch kein Euro mehr, indem ich es aufschreibe! Ist mir viel zu pingelig."

Da kann ich nur antworten: „Machen Sie es, wie Sie wollen, aber wenn Sie anfangen, die Seifenreste einzelner Seifen in einem eigens dafür kreierten Gerät zu einer ‚neuen' Seife zusammenzudrücken, weil sie Geld sparen müssen – dann kommen Sie auf dieses Kapitel zurück."

Not macht erfinderisch

Ein Haushaltsbuch hat viele Vorteile:

1. Sie sehen, wofür Sie Ihr Geld ausgeben *(Selbstkontrolle)*.
2. Sie sehen auch, bei welchen Posten Sie vielleicht sparen könnten *(Lerninstrument)*.
3. Das tägliche (ja, sonst vergisst man es) Aufschreiben zeigt einem unerbittlich, ob man vielleicht über seine Verhältnisse gelebt hat – und wenn es am Mittwoch Rumpsteak sein musste, kann ich am Donnerstag mit Spaghetti gegensteuern.
4. Es ist die Planungsgrundlage für das nächste Jahr (damit kann man dann vielleicht ein realistischeres Budget erstellen).
5. Außerdem ist es ein vergnügliches historisches Dokument.

Ich habe früher mein Haushaltsbuch selbst in eine karierte Kladde gemalt – heute gibt es im Schreibwarengeschäft solche Bücher zu kaufen, außerdem findet man sie gelegentlich in Zeitschriften; oder man kann bei der *Verbraucherberatung* nachfragen.

Es lohnt sich natürlich nicht, beim Aufschreiben allzu pingelig zu sein – ich notiere nicht den Preis für jeden Blumenkohl, sondern schreibe einfach die Summe in die Rubrik „Lebensmittel".

Seien Sie ehrlich: Sie sind nur sich selbst verantwortlich. Deshalb wäre es ziemlich albern, die Flasche Sekt – die ja bekanntlich nicht lebensnotwendig ist – unter „Lebensmittel" zu verstecken, nur um die Rubrik *„Genussmittel"* zu schönen …

Bestehen Sie beim Einkaufen auf dem Kassenbon – ich jedenfalls habe oft nach nur zwei weiteren Geschäftsbesuchen vergessen, was genau ich eben beim Gemüsehändler ausgegeben habe.

Tag für Tag eintragen

Möglichst jeden Abend setze ich mich dann fünf Minuten ans Haushaltsbuch (wenn mal keine Zeit ist, lege ich die Bons in das Buch) und trage ein, was ich ausgegeben habe. Am Ende der Woche sehe ich dann recht gut, wo das Geld geblieben ist – und wo ich mich in Zukunft vielleicht auch mal zurückhalten sollte.

Natürlich kann man das Haushaltsbuch im Zeitalter des Computers auch anders führen: Es gibt Computerprogramme wie Microsoft Money oder Intuits Quicken. Mir persönlich erscheint das unpraktisch. Aber das ist sicher Ansichts- und Gewöhnungssache.

„Ja, mach nur einen Plan …"

Die Budgetberechnung

Sie bekommen eine feste Summe monatlich. Damit müssen Sie wirtschaften. Um nicht plötzlich von einer unvorhergesehenen Rechnung schockiert zu werden („Mist – jetzt habe ich mir gerade die tolle Stereoanlage gekauft – und nun will das blöde Elektrizitätswerk Geld für etwas so Langweiliges wie Strom") – und damit Sie nicht zu denen gehören, die ihr Girokonto überziehen – laut der Schufa (Schutzgemeinschaft für allgemeine Kreditsicherheit) war jeder Bundesbüger 2007 mit 8.000 € privat verschuldet –, ist es dringend erforderlich, ein Jahresbudget zu erstellen.

An den Dispo-Krediten verdienen die Banken und Sparkassen übrigens blendend: Der Zins für diese Kredite liegt meist kräftig über dem von Ratenkrediten. Ein Expertentipp: „Das Geld vom Sparkonto holen (wenn vorhanden), um das Konto schnell wieder auszugleichen. Und wenn abzusehen ist, dass sich das Konto nicht in ein paar Monaten ausgleichen lässt, lieber einen Ratenkredit mit fester Rückzahlung vereinbaren". (Brigitte, Heft 23/99, S. 193)

Aber ich hoffe, dass Sie das nie brauchen – weil Sie ja ein Jahresbudget aufgestellt haben und sich möglichst daran halten. Wie gehen Sie vor?

Die Einnahmen

Zuerst das Angenehme, was allerdings im Fall von Studenten und Auszubildenden meist schnell zu ermitteln ist, nämlich die Auflistung *sämtlicher Einnahmen* des kommenden Jahres.

Dazu gehört der monatliche Scheck der Eltern, BAföG (wenn man es denn bekommt), Einkünfte aus Jobs – meist nicht planbar. Und das war es dann auch schon in den meisten Fällen. Nun wird das *verfügbare Monatseinkommen* ermittelt, indem man die obige Summe durch zwölf teilt.

Die Ausgaben

Dann errechnet man die zu erwartenden jährlichen *festen Ausgaben* für

- **Miete,**
- **Strom und Gas** (das kannst man erst einmal nur schätzen),
- **Heizung** (durchschnittlich auf alle Monate umgelegt),
- **Wasser**, dito,
- **Radio, Fernsehen** („Schwarz hören und sehen kommt teuer zu stehen"),
- **Zeitungsabonnements,**
- **Telefon** (ja, das müssen jetzt Sie bezahlen, inklusive Internet – da kann etwas zusammenkommen),
- **Auto** (einschließlich Versicherung, Rücklage für Reparaturen und Steuern – wenn Sie das alles sehen: brauchen Sie es wirklich?),
- **Krankenversicherung,**
- **Vereinsbeiträge,**
- **Unfall- und Haftpflichtversicherung** – bei weiteren Versicherungen müssen Sie gut überlegen, ob Sie sie brauchen.
- Kein Muss, aber sehr nützlich ist es, etwa fünf Prozent des Einkommens für Unvorhergesehenes **anzusparen** (was gleich von vorneherein abgebucht wird, tut nicht so weh. Wenn sich im zweiten Jahr Ihrer Buchführung „zu viel" angesammelt hat, können Sie sich mit einem Teil davon etwas Besonderes leisten).

Nun kommen wir zu den *flexiblen Kosten:*

- **Verpflegung,**
- **Kleidung** (ein neuer Anzug ist teuer, ein neuer Wintermantel ebenfalls, Schuhe sind auch nicht billig),
- **Büchergeld** (für Studium und Ausbildung kommt da einiges zusammen),
- **Erholung/Freizeit** (Kino/Theater, Videoausleihe, Konzerte, Feiern mit Gästen),
- **Geschenke,**
- **Wasch- und Putzmittel,** Reinigung, Kosmetik (nun ja, damit meine ich Seife, Shampoo usw.),
- **Taschengeld.**

Englischer Trost: eine heiße Tasse Tee

Jetzt trinken Sie erst einmal eine Tasse Tee oder Kaffee, denn diese Zahlen, alle zusammengezählt, lassen einem schon die Beine zittern. Ich gehöre aber zu den Menschen, die lieber eine Wahrheit im Voraus erkennen, als später unangenehm überrascht zu werden: Also wappnen Sie sich!

In vielen klugen Büchern findet man Empfehlungen, wie viel Ihres Einkommens Sie prozentual wofür ausgeben sollen. Ich finde, dass jeder selbst entscheiden muss, wo er seine Schwerpunkte setzt; wenn es Sie aber interessiert, hier sind die Durchschnittswerte für Studierende:

Monatliche Ausgaben der Studierenden pro Jahr[1)]

Kosten	2006	2003
Miete	266 €	250 €
Ernährung	147 €	159 €
Kleidung	50 €	57 €
Lernmittel	35 €	37 €
Fahrtkosten	86 €	82 €
Krankenversicherung, Arzt, Medikamente	54 €	60 €
Telefon, Internet, Rundfunk- und Fernsehgebühren	43 €	49 €
Summe	681 €	694 €

[1)] Quelle: www.sozialerhebung.de

Lassen Sie alle regelmäßigen Zahlungen als *Dauerauftrag* vom Konto abbuchen (so gibt es auch keinen Ärger mit dem Vermieter, und das Telefon wird nicht plötzlich abgestellt).

Es empfiehlt sich, für fällige Rechnungen vorzusparen. Also: wenn die Autoversicherung halbjährlich fällig wird, kann Sie das monatliche *Vorsparen* auf dem Sparbuch vor bösen Überraschungen schützen, denn die große Summe reißt dann kein Loch in Ihr Budget.

Einfache **Geldeinteilung**

Die Briefumschlag-Methode: Sie holen sich am 30. oder 31. des Monats Ihr Geld ab. Miete, Krankenkasse usw. sind schon durch Dauerauftrag überwiesen, was jetzt noch auf dem Konto ist, bleibt für den Lebensunterhalt. Professioneller ausgedrückt: Das Nettoeinkommen eines Monats minus die regulären monatlichen Rechnungen minus monatlicher Teile variabler Rechnungen macht das „verfügbare Einkommen" aus. Geteilt durch vier oder fünf ergibt sich das verfügbare Einkommen für die Woche. Und mehr sollte man nicht ausgeben.

Mehr sollten Sie nicht ausgeben

Jetzt werfen Sie einen Blick in den Monatskalender: Gibt es vier oder fast fünf Wochen in diesem Monat?

Dann nehmen Sie vier (oder fünf) Briefumschläge, die Sie so beschriften:

Woche 1
Woche 2
Woche 3
Woche 4
(Woche 5)

Teilen Sie die Summe, die Ihnen für den Lebensunterhalt zur Verfügung steht, durch vier und geben Sie diesen Betrag in Umschlag Woche 1 (usw.).

Die Umschläge legen Sie in eine praktische Stahlkassette, in der Sie auch Pass, Scheckkarten etc. aufheben – und nehmen sich Anfang jeder Woche einen Umschlag heraus.

Den Nachteil des Systems will ich auch nicht verschweigen: Es gehört schon eine Portion *Charakterfestigkeit* dazu, sich nicht bei auftretendem Geldmangel aus einer anderen Tüte zu bedienen. Für Anfänger ist es deshalb vielleicht ratsam, wenn nach der abgelaufenen Woche etwas übrig bleibt, dies Ersparte sofort auf ein Sparkonto einzuzahlen – was aus den Augen ist, wird nicht ausgegeben. Es ist psychologisch etwas schwieriger, das Geld wieder vom Sparbuch abzuheben, weil man zur Bank laufen muss und dabei nochmals überlegen kann, ob das wirklich nötig ist. Irgendwann hat man ein kleines Polster für Unvorhergesehenes. Wobei man ab einer gewissen, gar nicht zu hohen Summe natürlich die Spargroschen vom Sparbuch nimmt und günstiger anlegt. Oder was sonst wollte mir die verblüffend offene Werbung der Dresdner Bank im November 1999 sagen:

For a rainy day

„Warum heißt das Sparbuch Sparbuch? Weil man es sich sparen kann." Und fährt dann fröhlich fort: „Magere 1,5 % Zinsen. Das Sparbuch ist heute nur noch etwas für Leute, die Geld zu verschenken haben. Alle anderen tauschen es jetzt in unsere Wertpapierfonds um." Nun, Sie haben vielleicht beim Börsenspiel mitgemacht, darum kennen Sie sich besser aus.

„Hahaha", höre ich Sie jetzt lachen, „Geld in Tüten – in welcher Zeit leben Sie eigentlich? Ich lade mir einfach Cash auf meine *Eurocard* und kann damit sogar beim Kaufmann um die Ecke das Kilo Zucker bezahlen." Fein, – aber eigentlich ist das ja auch nichts anderes: Laden Sie sich einfach nur so viel auf die Karte, wie Sie in einer Woche für den Lebensunterhalt ausgeben können.

Spurensuche in Notfällen:

Wenn am 15. schon der Letzte ist

Jeder hat eine andere Art, sein Geld auszugeben. Manche halten sich in der Woche zurück und verfeuern ihr Geld am Wochenende. Mahlzeiten im Restaurant, Cappuccinos im Straßencafé, Kino, Popkonzerte – das alles kostet nicht wenig. Solange Sie mit dem Geld für Lebensmittel, Kleidung und Bücher hinkommen, ist das alles in Ordnung. Wenn Sie aber plötzlich das Gefühl haben, in Ihrem Portemonnaie sei wohl ein Loch („Eben waren doch noch 50 € drin?"), dann wird es Zeit für einen Check-up, der Ihnen – auf recht pingelige Weise, aber es muss sein – zeigt, wie Sie sich beim Geldausgeben verhalten.

Planen Sie einen Zeitraum von 30 Tagen ein.

Wohin Sie auch gehen, nehmen Sie ein kleines Notizbuch mit. Pro Tag tragen Sie auf einer Seite drei Spalten ein:

Einkauf	Kosten	notwendig?
1. Computerzeitung	5,50 €	nein
2. Pizza	7,50 €	nein
3. Zahnpasta	1,80 €	ja
4. Eis	1,50 €	nein

Und tragen Sie die Ausgaben **sofort** ein. Wenn Sie es abends zusammenzählen, sind Sie vielleicht ganz schön schockiert, was dabei rauskommt, aber da Sie allein leben, sieht es ja keiner. Wahrscheinlich erkennen Sie nach 30 Tagen schon ein bestimmtes Verhaltensmuster beim Geldausgeben.

Ich habe zum Beispiel entdeckt, dass ich nach einem gut gelungenen Vortrag im Hochgefühl des Erfolgs, als Belohnung gewissermaßen, oft in eine besonders schöne Boutique eilte, mit der reizenden Besitzerin plauderte, was mein Hochgefühl noch mehr steigerte, und – „man gönnt sich ja sonst nichts" – mal schnell ein Kostüm oder einen Pulli kaufte – was keineswegs notwendig war.

Man gönnt sich ja sonst nichts ...

Jetzt lasse ich an solchen Tagen nicht nur Schecks und Kreditkarte zu Hause, sondern meide auch die Straße, in der das

Geschäft liegt – und belohne mich auf andere Weise: eine Zeitschrift, ein Buch – beides ist erheblich billiger als der Einkauf in der Boutique.

Hochrechnung: Ausgaben pro Jahr

Jede Woche tragen Sie auf einer Extraseite die addierten Kosten einer Kategorie ein; am Ende des Monats werden die vier Wochen zusammengezählt – und wenn Sie das mit 12 malnehmen, sehen Sie, was Sie pro Jahr wofür ausgeben.

Einkauf	mtl. Kosten	jährliche Kosten	notwendig?
Zeitschriften	39 €	468 €	nein
Essen im Restaurant	48 €	576 €	ja und nein
Friseur	18 €	216 €	ja

Sie können sich dann überlegen: „Will ich mir die Computerzeitschriften wirklich weiterhin leisten? Reicht vielleicht eine pro Woche? Könnte ich sie mit meinem Freund tauschen, der sich die andere kauft? Gibt es sie auch in der Stadtbücherei?" (Dann haben Sie nicht einmal das Problem der ständig wachsenden Zeitschriftenstapel.)

Wie gesagt: Diese akkurate Spurensuche ist eine *Notmaßnahme,* kein Vorschlag auf Dauer.

Welches sind die Bereiche, in denen man oft unnötig viel Geld ausgibt?

Optische Verführung

Kennen Sie die Tricks der Supermarktdekorateure? Dazu gehört die Platzierung von Waren rechts im Gang – weil die meisten Menschen beim Gehen nach rechts schauen (mag sein, dass Sie als Linkshänder diesen Fallen entgehen). Die teuren Sachen platziert man auf Augenhöhe – wenn Sie sich bücken, werden Sie die No-Name-Produkte oder Billigmarken sehen, die ja nicht unbedingt schlechter sein müssen.

Sonderangebote sind nicht immer wirklich preisgünstig, und riesige Preisschilder bedeuten nicht, dass der so liebevoll knallrot gemalte Preis wirklich billig ist, oder haben Sie die Preise für Butter, Brot, Käse usw. im Kopf? Nur dann können Sie mit der Vorwoche vergleichen!

Strichcode erschwert den Preisvergleich

Sehr ungünstig finde ich auch die neue Masche, die Waren nicht mehr mit Preisen auszuzeichnen, das macht das Vergleichen schwierig. Klar, Sie können mit jedem Stück zu der Preisanzeigemaschine flitzen und es einscannen – aber wer macht das schon? Hier fällt mir doch gleich die CD „Empööörend!“ vom NDR Stenkelfeld ein, Thema „Strichcode“. („Wollen Sie damit sagen, dass Sie einem Kunden 3000 € zu viel abgeknöpft haben?“ „Sie sind mir ja ein Heini – das gleicht sich ja alles wieder aus!“) Woraus sich gleich der nächste Tipp ergibt: Prüfen Sie Ihren Kassenbon. Meist stehen ja die gekauften Warengruppen drauf, und so haben Sie es nicht so schwer zu vergleichen, ob die Rechnung stimmt. Das ist leider nicht immer der Fall.

Manchmal liegt das an der Schusseligkeit der Verkäuferin, die vergessen hat, dass heute die Ananas im Sonderangebot ist, oder sie tippt falsch ein oder der Computer irrt sich – übrigens merkwürdigerweise immer zu Ihren Ungunsten. Also prüfen Sie und monieren Sie einen Fehler sofort! Und zählen Sie Ihr Wechselgeld nach! Natürlich geben Sie das Geld auch zurück, falls die Verkäuferin Ihnen doch einmal zu viel herausgegeben hat: Sie muss es sonst am Abend aus eigener Tasche drauflegen. Wobei ich es leider auch mehr als einmal erlebt habe, dass sich die Verkäuferin selbst bei einer größeren Summe nicht einmal bedankte – aber das gehört ins Kapitel „Schlechte Manieren".

Sparen bei **Lebensmitteln**

Ich zögere ein wenig – hier soll nicht der alte Ratschlag kommen: „Studieren Sie die Sonderangebote in der Zeitung" – dann verbringen Sie nämlich Stunden Ihrer kostbaren Zeit damit, hier ein Paket Waschmittel und am anderen Ende der Stadt eine Zahnpasta einzukaufen – da könnten Sie besser auch an Ihrem Referat gesessen oder sich erholt haben.

Nützlich finde ich es, sich einen *Wochenplan* für das Essen aufzustellen, und sich in Grenzen daran zu halten – wenn es auf dem Wochenmarkt plötzlich ein Superangebot für Paprika gibt, dann nehmen Sie sie auf jeden Fall und streichen dafür Kohlrabi von Ihrer Liste. So kaufen Sie nur die Mengen ein, die Sie brauchen, und es vergammelt nichts.

Der nächste Rat geht in dieselbe Richtung: Gehen Sie niemals hungrig einkaufen – sonst können Sie all den kleinen Leckereien einfach nicht widerstehen.

Hunger ist ein schlechter Einkaufsberater

Nicht so toll finde ich den Tipp, möglichst „große Gebinde", wie es die Kaufleute nennen, zu kaufen – wo wollen Sie in Ihrer kleinen Bude die unglaublich preisgünstigen 50 Klopapierrollen stapeln? Außerdem lohnt es sich, mal durchzurechnen, ob die große Menge wirklich günstiger ist – das ist nämlich keinesfalls immer so.

Wenn Ihre Augen größer als der Appetit waren, kommt es vor, dass Lebensmittel verderben und weggeworfen werden müssen. Also kaufen Sie nicht zu viel ein.

Preiswerteres muss nicht unbedingt schlechter als *Markenartikel* sein! Ich erinnere nur an das tolle Olivenöl von Aldi, das die Stiftung Warentest so hoch bewertete, den Honig etc.

Zucker in No-Name-Tüten schmeckt genauso süß wie die „Klassiker". Im Zweifelsfall machen Sie den Blindtest – das heißt, Sie servieren sich aus zwei Tüten den Edelsupertoast und das so unglaublich ähnlich aussehende Produkt ohne Werbung. Wenn Sie im Geschmack keinen Unterschied feststellen, haben Sie eine Sparmöglichkeit entdeckt. Manches ist ja auch schon „Kult", wie der gute Champagner von Aldi.

Wenn das Markenprodukt aber besser schmeckt – und das kann auch durchaus möglich sein – dann leisten Sie es sich, wenn Sie es sich leisten können.

Woran ich nicht spare: Bei Gemüse nehme ich meistens und bei Milch, Fleisch und Eiern immer *Ökoprodukte.*

Gelegenheit macht schwach

Vielleicht reicht es auch, zweimal die Woche einkaufen zu gehen? Das spart Zeit, verführt weniger zum Geldausgeben – und frische Sachen wie Obst oder Gemüse können Sie ja zusätzlich auf dem Wochenmarkt kaufen.

Den Montag würde ich als Einkaufstag vermeiden – oft ist die Auswahl kleiner und die Sachen sind nicht so frisch. Zeit können Sie sparen, wenn Sie sich nicht gerade zu Büroschluss in den Supermarkt begeben. (Allerdings entgeht Ihnen dann eine gute Flirtmöglichkeit.) Im Supermarkt den Einkaufswagen zu verwechseln (aber nicht, wenn die Handtasche der „Auserwählten" drin liegt – dann landen Sie vor dem Haftrichter!) kann zum Kennenlernen führen. Weniger dreist ist die „Hilflosen"-Masche: „Entschuldigung, ich will für meine Freunde heute Abend eine Suppe kochen. Kann ich da Tiefkühlerbsen nehmen?" Frauen lieben oft die Rolle der guten Samariterin oder der Expertin.

Machen Sie sich eine *Einkaufsliste.* Ich habe eine in meinem Terminplaner, in der ich Lebensmittel und andere Einkaufssachen in Gruppen aufgeteilt habe (sogar nach den Abteilungen meines bevorzugten Supermarktes sortiert – allerdings räumt der immer wieder um, wohl um mich zu verführen, mehr als geplant zu kaufen ... Daher auch die riesigen Einkaufswagen, die ich häufig durch einen Tragekorb ersetze).

Einkaufszettel als Gedächtnisstütze

Von der Einkaufsliste habe ich mir Kopien gemacht und brauche so nur noch zu umkringeln, was ich beim nächsten Einkauf holen will. Eine Einkaufsliste hat einen festen Platz auf meinem Küchentisch, dazu ein Kugelschreiber: Wenn ich merke, dass zum Beispiel das Salz zu Ende geht, notiere ich das auf dem Einkaufszettel (also nicht erst, wenn es restlos verbraucht ist!). Deshalb vergesse ich in der Regel beim Einkauf nichts – und muss nicht wegen einer winzigen Tüte Backpulver nochmals in die Stadt rasen. Die folgende Liste können Sie sich mehrmals fotokopieren und das, was Sie brauchen, einkringeln oder mit einem Textmarker kennzeichnen.

Beispiel für eine **Einkaufsliste**

Drogerie

Schwammtücher, Teelichter, Scheuerpulver, Spülmittel, Glasreiniger, Seife, Zahnpasta, Kloreiniger, Waschpulver, Shampoo

Sonstige Lebensmittel

Dosen, Kirschen im Glas, Marmelade, Honig, Sirup, Suppen, Soßen, Öl, Reis, Grieß, Nudeln, Tomatensoße, Ketchup, Haferflocken, Zucker, Salz, Mehl, Brühwürfel, Essig, Senf, Rosinen, Backpulver, Vanillezucker, Cornflakes, saure Gurken, Kaffee, Kräutertee, Tee, Graubrot, Knäckebrot, Toast

Tiefkühlkost

Fischstäbchen, Rahmspinat, Pommes frites, Bohnen, Pizza, Kroketten, Rösti, Erbsen, Eis

Milch/Käseprodukte

Milch, Sahne, Quark, Joghurt, Butter, Crème fraîche, junger Gouda, Leerdamer, Camembert

Gemüse

Paprika, Zucchini, Äpfel, Grapefruit, Bananen, Zitronen, Ananas, Weintrauben, Salat, Gurke, Tomaten, Radieschen, Zwiebeln, Avocados

Getränke

Saft, Wein, Sekt, Cola, Mineralwasser

Verzichten Sie beim Einkaufen weitestgehend auf Fertiggerichte – klar, sie sind praktisch, weil man sie schnell zubereiten kann, aber sie sind nicht nur oft ungesünder, sondern auch teurer. Daher mein Rat: *Lernen Sie Kochen!*

Sparen an **Restaurantbesuchen**

Zuerst wollte ich schreiben: „Sparen bei Restaurantbesuchen", aber das ist Unsinn: Der Besuch eines Restaurants ist eigentlich immer teuer – wobei der Wirt hauptsächlich an den Getränken verdient. Deswegen fragt der Ober auch stets so eifrig nach, wenn er sieht, dass Ihr Glas halb leer ist. Und immer McDonalds wird auf Dauer etwas langweilig. Da bleibt mir nur zu sagen: Genießen Sie einen Restaurantbesuch als etwas Außergewöhnliches. Ansonsten: *Lernen Sie Kochen!*

Lernen Sie Kochen!

Sparen an **Unterhaltungsmöglichkeiten**

Klar, ein paar Kinobesuche weniger, ein paar Bücher aus der Bücherei – das alles spart Geld. Dazu habe ich sonst nichts zu sagen – außer: Das Leben soll trotz aller Sparerei auch noch Spaß machen. Deshalb verkneifen Sie sich nicht alles. Sparen Sie nicht an Dingen, die kaum etwas kosten, z. B. Margarine statt Butter – weil das kaum etwas bringt –, sondern an *großen Sachen* wie Mietreduzierung durch ein kleineres Zimmer, U-Bahn statt Auto usw.

Sparen bei **Reisen**

Im Dschungel der Bahntarife findet sich häufig auch die Auskunft der Bahn nicht mehr zurecht, da hilft nur eigene Recherche. Bei Flügen gibt es erwiesenermaßen ungewöhnlich hohe Preisdifferenzen – das verrückteste Angebot sah ich bei einer Fluglinie, die im Hunsrück startet: 20 € für einen Flug nach London! Manchmal gibt es in einem Hotel bei verschiedenen Reisegesellschaften sehr unterschiedliche Preise für das gleiche Zimmer – informieren Sie sich. Und oft bieten auch wundervolle teure Hotels Sonderpreise zu Zeiten, wo sie nicht ausgelastet sind – auch hier lohnt es sich, Preisnachlässe und Sonderangebote (Wochenendarrangements u. Ä.) zu erfragen.

Viele Studierende und Auszubildende jobben in ihren Ferien. Als Berufsberaterin für Abiturienten und Studierende würde ich Ihnen sowieso empfehlen, möglichst viele Praktika zu absolvieren – und wieso dann nicht im Ausland? Reich werden Sie bei Praktika nicht, aber die Erfahrung kann Ihnen später bei der Jobsuche viele Vorteile bringen. *Auslandspraktika* erfordern noch mehr Vorbereitungszeit als solche im Inland, hier sollte man fast ein Jahr vorher mit seinen Bemühungen beginnen. Wegen Adressen, Stipendienmöglichkeiten etc. wenden Sie sich entweder an die Abiturientenberatung im Arbeitsamt vor Ort (für Europa

Ferienjobs und (Auslands-) Praktika

gibt es ganz bestimmte zuständige Berufsberatungen, so z. B. Bremen für England) oder an das Akademische Auslandsamt der jeweiligen Uni oder Fachhochschule.

Sparen bei **Ausverkäufen**

„Wahnsinnig billig" kostet auch!

Das kann manchmal prima sparen helfen – zumal der Ausverkauf jetzt immer früher anfängt, aber es ist eine zweischneidige Sache: Ich habe solche Sachen gekauft, weil sie plötzlich so wahnsinnig billig waren – und dann hing das gute Stück im Schrank, weil es kaum einen Anlass gab, es zu tragen. Es fraß Platz im Kleiderschrank, machte Schuldgefühle, passte nicht zur Grundgarderobe, und war in der nächsten Saison oft schon ein bisschen aus der Mode. Aber vielleicht sind solche Kleiderkäufe eher ein weibliches Problem?

Auf jeden Fall sollte man im Ausverkauf nichts kaufen, was man nicht schon eine Zeit lang vorher hatte haben wollen. Und hier würde ich wirklich auf Markenartikel gucken – da lässt sich dann schon einiges einsparen – und zeigt einem, welche Handelsspannen in Boutiquen üblich sind.

Sparen durch **Vergleichen**

Wenn man eine größere Anschaffung plant, lohnt es sich, vorher die Preise der einzelnen Händler zu vergleichen, Testhefte von „Stiftung Warentest" und „Ökotest" – die es auch in der Stadtbücherei gibt – durchzusehen und eventuell die *Verbraucherberatung* zu befragen.

Wichtig ist natürlich nicht nur der Anschaffungspreis, sondern auch der Vergleich des Verbrauchs – auf Dauer kosten „billige" Energiefresser ziemlich viel Geld.

Eine Möglichkeit zu sparen ist der Werksverkauf. Da gibt es zum Beispiel Modehersteller im In- und Ausland, die Auslaufmodelle unglaublich günstig verkaufen. Aber Achtung: Natürlich darf man sich nicht in die Tasche lügen und bei Boss gleich drei Anzüge erstehen, weil es ja so billig ist.

Feilschen wird trendy

Auch in Deutschland ist es immer häufiger möglich, um einen Preis zu feilschen – und ich glaube, Ihr Jüngeren habt dazu auch die offenere Einstellung. Ich selbst kann das meist nicht so gut, weil mir beigebracht wurde, dass es unfein ist. Aber häufige

Flohmarktbesuche und Stippvisiten zu Läden wie „An- und Verkauf" haben Sie da vermutlich abgehärtet.

Das gilt leider auch für den Umgang mit defekten Maschinen: Wir sind eine Ex-und-Hopp-Gesellschaft geworden. Manchmal müsste nur eine Schraube ersetzt werden, aber die ganze Maschine wird weggeschmissen, denn eine Reparatur ist durch hohe Arbeitslöhne teurer als ein Neukauf (das erklärt den schlechten Arbeitsmarkt für Feingerätemechaniker mit Schwerpunkt Nähmaschinen).

Ex und hopp?

Wenn eine in Deutschland hergestellte Kaffeemaschine 20 € kostet, und es fällt die Glaskanne herunter und zerbricht, wird eine neue Kaffeemaschine gekauft, denn eine Ersatzkanne wäre fast genauso teuer, wenn man sie überhaupt bekommt.

Bei Garantien ist es wie mit der Schlange im Supermarkt: Hier steht man immer in der, die am längsten dauert, dort ist die Garantie garantiert gerade vor zwei Wochen abgelaufen, wenn Ihr Gerät den Geist aufgibt. Unternehmen haben aber eine Kulanzzeit und damit Ermessensspielräume – probieren Sie es wenigstens aus. Hier lohnt es sich, ein Stammkunde zu sein.

Sparen bei **Versicherungen**

Wie viele Versicherungen brauchen Sie? Wenn es nach dem Versicherungsvertreter geht: unglaublich viele. Aber vieles ist auch überflüssig – deshalb informieren Sie sich bei möglichst *unabhängigen Quellen* genau, ehe Sie einen Vertrag unterschreiben. Versicherungsvertreter bekommen für abgeschlossene Verträge Prämien.

Checken Sie, ob Sie eine Berufsunfähigkeitsversicherung brauchen, eine Privathaftpflichtversicherung, eventuell eine Hausratversicherung. Aber das alles hängt von der Lebensphase ab, in der Sie sich gerade befinden – ein junger Single muss als Berufsanfänger anders versichert sein als ein Familienvater mit einem Kind. www.finanzscout.de hilft beim Vergleich der günstigsten Tarife.

Trau, schau, wem

Sparen beim **Energieverbrauch**

Seit einiger Zeit ist es möglich, sich seinen Stromlieferanten auszusuchen. Wie so oft belebt Konkurrenz das Geschäft: Plötzlich purzeln auch bei den Stadtwerken die Preise, und aus einer recht unbeweglichen und mürrischen „Behörde" ist über Nacht ein wirkliches Dienstleistungsunternehmen geworden, das tatsächlich freundliche Mitarbeiter hat.

Wenn Sie die Wahl unter mehreren Stromanbietern haben, müssen Sie bedenken, dass der günstigste Kilowatt-Stundenpreis nicht zwangsläufig eine günstigere Stromrechnung bedeutet, da dieser Preis aus mehreren Komponenten besteht, nämlich der Grundgebühr, dem Arbeitspreis, der Ökosteuer – Sie sollten also unbedingt fragen, ob sie im Preis enthalten ist und der Konzessionsabgabe an die Kommune.

Service inbegriffen?

Überlegen muss man auch, wer für Reparaturen des Stromzählers zuständig ist, und wie schnell ein solcher Dienstleister kommen kann.

In einer Kölner Broschüre über den CO_2-Treibhauseffekt, „Alle müssen handeln!", steht nachzulesen, wie viel Energie eine Kilowattstunde erarbeitet.

Damit kann man:

- 30 Liter Wasser für ein Duschbad auf 37 °C erwärmen oder
- sechsmal zehn Minuten lang mit einem 1000-Watt-Gerät die Haare föhnen,
- einen Tag lang in einem 80-Liter-Kühlschrank eine Temperatur von + 5 °C halten,
- 60 Minuten lang einen Staubsauger mit einer 1000-Watt-Leistung benutzen,
- 50 Stunden Radio hören,
- sieben Stunden fernsehen,
- eine 100-Watt-Glühbirne zehn Stunden oder eine 20-Watt-Energiesparlampe 50 Stunden brennen lassen.

Sind Sie ein Energiebündel?

Wenn Sie herausbekommen möchten, wie viel Strom Sie pro Woche verbrauchen, so ist das ganz einfach: Sie brauchen sich Ihren Zählerstand bloß an einem bestimmten Tag zu notieren und in der nächsten Woche zur selben Zeit mal wieder nachzuschauen. Damit können Sie dann einfach die Differenz berechnen.

Fragen Sie bei Ihren Stadtwerken nach einer Tabelle zum durchschnittlichen Stromverbrauch – dann sehen Sie, ob Sie mit Ihrem Einpersonenhaushalt ungefähr im Durchschnittsbereich liegen oder ob irgendwo gravierende Abweichungen auftreten. Viele Versorgungsunternehmen verleihen kostenlos Strommessgeräte, mit denen Sie herausfinden können, wer Ihre Stromfresser sind.

Und jedes Versorgungsunternehmen gibt Ihnen Energiespartipps, die nicht nur Ihrem Geldbeutel, sondern gleichzeitig auch der Umwelt zugute kommen.

Elektroherd:

- Kochtöpfe mit leicht nach innen gewölbtem Boden benutzen, die den gleichen Durchmesser wie die Platte haben,
- Kartoffeln und Gemüse nur mit wenig Wasser kochen,
- mit gut schließendem Deckel kochen,
- die Backofentür nicht ständig öffnen.

Kühlschrank:

- Lassen Sie sich beraten, was die für Sie richtige Größe ist.
- Bei einem Standgerät sollte man zweimal im Jahr das Gitter an der Rückseite des Geräts entstauben – das spart Strom!
- Im Kühlschrank reicht eine Lagertemperatur von + 7 °C.
- Nur abgekühlte Speisen in den Kühlschrank stellen.
- Eine 5 mm dicke Reifschicht im Kühlschrank erhöht den Stromverbrauch um 30 % – also regelmäßig abtauen!

Energie sparen – es gibt viele Möglichkeiten

Spülmaschine:

- Spülen Sie nur, wenn die Maschine voll beladen ist – sie braucht immer gleich viel Wasser und Strom.
- Ja, eine Maschine spült sparsamer als der Mensch mit Handwäsche: Der Mensch braucht etwa 2–3 kWh Strom und 40 bis 60 Liter Wasser, wo ein moderner Geschirrspüler 1,3 kWh und 18 Liter braucht.
- Nur bei hartem Wasser braucht man Regeneriersalz!

Waschmaschine:

- Je nach Maschine sehr unterschiedlicher Verbrauch!
- Nutzen Sie die volle Trommelfüllung. Für zwei Socken und eine Unterhose lohnt es sich nicht, die Maschine laufen zu lassen. Kaufen Sie sich so viel Unterwäsche, dass Sie es sich leisten können, auf eine größere Wäsche zu warten.
- Verzichten Sie auf Vorwäschen. Und nicht zu stark verschmutzte Kochwäsche kann mit 60 °C, Buntwäsche mit 40 °C gewaschen werden. Dosieren Sie das Waschmittel wie angegeben. Weichspüler können Sie sich sparen.

- Mir fiel auf, dass meine Waschmaschine, unabgeschaltet nach dem Waschvorgang, noch erheblich Strom verbrauchte! Der Kilowattzähler drehte sich wie rasend, obwohl nur noch das rote Lämpchen glühte! (Die Maschine wurde jetzt ersetzt.)

Schleudern:

- 800 Umdrehungen pro Minute reichen für Trockenbodentrocknen, 1000 brauchen Sie für elektrische **Wäschetrockner.** (Ich gehe davon aus, dass Sie noch keinen haben – falls doch, können Sie eine Menge Geld sparen, wenn Sie das Flusensieb wirklich jedes Mal reinigen!)

Durchlauferhitzer:

Hier raucht der Schlot – Ihr Geld!

- Mir war leider sehr lange unklar, wie viel Geld ich zum Fenster hinauswarf, wenn ich über Nacht den elektrischen Wassererhitzer unter der Spüle anließ – dabei brauchte ich ja nachts kein heißes Wasser! Als ich feststellte, dass mir über 500 € buchstäblich durch den Schornstein geraucht waren, fing ich an, das heiße Wasser ganz gezielt dann einzustellen, wenn ich wusste, dass ich in der nächsten halben Stunde abwaschen würde. Und danach stellte ich es aus!

Wasser:

- Ein Vollbad braucht dreimal so viel Energie wie ein dreiminütiges Duschbad (liebe Energieversorgungsunternehmen: Ein paar Minütchen länger dürfen es schon sein – und auch Ihr Tipp: „Stellen Sie beim Einseifen das Wasser ab, sonst kommen Sie mit drei Minuten nicht aus" lässt mich schaudern). Ein Wannenbad braucht etwa 114 Liter Wasser, einmal duschen etwa 45 Liter. (Heißer Tipp: Laden Sie Ihre Freundin ein, baden Sie zu zweit: Das halbiert die Kosten und verdoppelt die Freude.)
- Tropfende Wasserhähne verbrauchen viel Energie und Wasser. Schon zehn Tropfen pro Minute summieren sich im Monat zu ca. 170 Litern.
- Auch die Toilettenspülung verursacht Kosten: neun Liter, wo auch drei bis vier Liter reichen würden. Erkundigen Sie sich nach einbaubaren Spartasten.
- Kleinvieh macht auch Mist: Zähneputzen bei laufendem Wasser statt Zahnputzglas verbraucht unnötig Wasser.

Heizung:

- Falls Sie zugige Fenster oder Türen haben, besorgen Sie sich Tesamoll, damit kann man Heizkosten sparen (die als „Wohnmantel" deklarierte Wolldecke mit Druckknöpfen ist auf Dauer nicht sehr schick).
- Lüften Sie richtig: lieber öfter kurz mit ganz geöffnetem Fenster als stundenlang auf „kipp".
- Hängen Sie keine nassen Handtücher zum Trocknen auf die Heizung.
- Stellen Sie Ihre Heizkörper nicht mit Möbeln zu und hängen Sie keine schweren Vorhänge darüber.
- Nachts die Heizung um 3 bis 5 °C abzusenken schenkt besseren Schlaf – und dann ist es immer noch nicht wie bei den Urgroßeltern, die aus ihrer Kindheit erzählen, dass morgens Raureif auf ihrer Bettdecke war! Da wurde nämlich das Schlafzimmer gar nicht geheizt (die „gute Stube" auch nur an Festtagen – ansonsten versammelte man sich in der Küche). Allerdings gibt es auf diese Weise leider auch nicht mehr die wunderschönen Eisblumen an den Fenstern!
- Wenn Heizkörper „gluckern", müssen Sie sie mit dem Heizschlüssel entlüften (d. h. die Luft entweichen lassen, bis Heizwasser austritt), sonst heizen Sie ungleichmäßig.

Der Straße mal richtig einheizen?

Licht:

- Es lohnt sich nicht, überall hektisch das Licht auszuknipsen. Klar: Da, wo einen die Farbveränderung nicht stört, z. B. auf dem Flur, verwende ich Energiesparlampen (sie lassen allerdings Rot merkwürdig tot wirken). Die Stiftung Warentest rät, sich elektronische Adapter mit den dazu passenden Energiesparlampen zu kaufen, die vier statt zwei Kontaktstifte haben. Diese Lampen sind besonders haltbar und enthalten auch keine radioaktive Substanzen. Übrigens: Dimmer verringern zwar die Helligkeit, sparen aber keinen Strom.
- Mit „normalen" Glühbirnen verbrauchen Sie mehr Geld. Aber zwanghaftes An- und Ausknipsen ruiniert die Birne und kostet so im Endeffekt sogar mehr, als das Licht ein paar Minuten brennen zu lassen, wenn man den Raum verlässt. Das gilt allerdings auch für den Umgang mit Energiesparlampen.

Gedämpftes Licht ist nicht billiger

- Auch Johanniskrauttabletten sind auf Dauer nicht billig – und die braucht man, wenn man wegen schummrigster Beleuchtung an düsteren Novembertagen in tiefe Depressionen verfällt …
- Bei Halogenlampen ist das schon etwas anderes: Mein Deckenfluter hat eine 300-Watt-Birne, da kommt schnell ein höherer Betrag zusammen.

Kleingeräte:

- Elektrische Eierkocher brauchen nur 60 kWh statt 200 kWh fürs Eierkochen im offenen Topf auf dem Elektroherd.
- Die Stand-by-Funktion beim Fernseher summiert sich auf etwa 100 kWh jährlich – das macht nach ASEW ungefähr 15 € und 59 kg CO_2. Und einen Stand-by-Modus hat ja auch die Stereoanlage, der Computer, der Videorecorder …

Sparen beim **Auto**

In dem amerikanischen Buch „Don't Worry, Make Money" von Richard Carlson, das sich eher mit der psychologischen Einstellung zum Geld befasst, gibt es eine gute Überschrift: „Remember That Everything Is Used The Day After You Buy It" – also: „Denke daran, dass alles einen Tag, nachdem du es gekauft hast, ‚gebraucht' ist." Der Wertverlust eines Neuwagens beträgt in den ersten vier Jahren zwei bis drei Fünftel seines Kaufpreises! Das ist der Grund, warum ich mir nie ein neues Auto kaufen werde – der *Wertverlust* ist erschreckend. Und die Vorstellung, einen Kredit für einen Gegenstand aufzunehmen, der vielleicht schon durch einen Unfall schon zerstört ist, während ich noch abzahle, die finde ich abschreckend. Dazu kommt, dass ich mich nicht übertrieben um Dinge sorgen möchte. Natürlich freue ich mich auch nicht über Kratzer an meinem Auto – aber bei einem Neuwagen würde ich mich richtig ärgern.

Schnell ist der Lack ab …

Nun muss man beim Gebrauchtwagenkauf natürlich wirklich etwas von Autos verstehen – sonst kann das „Sparen" auch teuer werden. Tipps gibt es u. a. beim ADAC. Aber ich wollte unabhängig von der Frage, ob man sich ein Auto neu oder gebraucht kauft, noch etwas zu den Kosten für das Auto sagen.

Da gibt es *Festkosten:* Kfz-Steuer/Haftpflichtversicherung/Kaskoversicherung. *Betriebskosten* im Monat fallen an für Benzin, Öl, Waschen. (Waschen? Der Dreck hält das Ding doch zusammen!)

Eine *monatliche Rücklage* ist eine sinnvolle Sache: für Wertverlust und Werkstattkosten wie Inspektionen, Ölwechsel, Reifen und andere Verschleißteile wie Auspuffanlage, Batterie usw. (Rechnen Sie 5 Cent pro gefahrenem Kilometer als Rücklage für die reinen Wartungskosten.)

Das zusammengezählt ergibt ein hübsches Sümmchen. Wenn man in München lebt, ist die U-Bahn sicher eine günstige Alternative, aber nicht alle Städte haben ein so tolles öffentliches Verkehrsnetz.

Kann man beim Auto sparen? Die Spartipps, die jetzt – nachdem die Benzinpreise durch die Ökosteuer nach oben gegangen sind – von „Fahrexperten" gegeben werden, sind meist etwas schlicht: „Auto ausstellen an der Ampel", „vorausschauend fahren", „hoch aufgepumpte Reifen" – da kleckert sich ein bisschen was zusammen, aber nicht viel. Vielleicht lohnt sich Carsharing, also ein Auto, das man sich privat oder über ein Unternehmen wie „Cambio Stadtauto" teilt.

Keine **Impulskäufe**

Sie sehen, hier weicht schon die Überschrift vom Thema ab: Ich kenne keine Sparmöglichkeit bei Impulskäufen – außer man lässt sie sein.

Wenn Sie zu Impulskäufen neigen, sollten Sie sich möglichst keine *Kataloge* anschauen (gleich in den Papierkorb damit) – ich bin immer wieder überrascht, dass ich nach fünf Minuten blättern feststelle, was ich alles dringend brauche – wovon ich unmittelbar vorher noch gar nichts wusste. Die einzige Rettung bei Katalogbestellungen ist, dass Sie Ihre Spontanbestellung innerhalb einer bestimmten Frist zurückschicken können, mittlerweile fast überall sogar portofrei (und der Gang zum Postamt fällt unter „Trimm dich". Nachdenklich würde ich allerdings, wenn Sie der Postbeamte täglich wie einen alten Bekannten und mit Namen begrüßt).

Vermeintliche Bedürfnisse ...

Und sonst: Halten Sie sich einfach von Läden fern! (Einfach? Wo unsere Kultur „shoppen" doch als Freizeitvergnügen auffasst? Und wo man in Amerika nicht mehr nur von Alcoholics oder Workaholics, sondern auch schon von Cashaholics spricht?)

„Ist der Scheck nicht gedeckt, wird der Argwohn geweckt"

Also, wenn schon der ständige Stadtbummel sein muss und die Öffnungszeiten der Geschäfte immer länger werden – man demnächst nicht mal mehr am Sonntag seine Ruhe haben wird –, dann seien Sie wenigstens so schlau und lassen Sie Schecks und Kreditkarte zu Hause. Nehmen Sie nur eine begrenzte Summe Bargeld mit. Glauben Sie mir: es ist ein anderes Gefühl, die Hunderter auf den Ladentisch zu blättern, als einen Scheck auszustellen, aber selbst der ist noch besser als die *Kreditkarte* – die verführt wirklich zu Leichtsinn. (So zum Beispiel in Hamburg, wo ich in einem Edelgeschäft einen sündhaft teuren Mantel entdeckte. Ohne Kreditkarte hätte ich ihn in Ermanglung von so viel Bargeld gar nicht bezahlen können – was ich dann zum Glück sowieso nicht tat, weil ich zu meinem „letzten Hilfsmittel" griff: Ich bat die Verkäuferin, mir den Mantel zwei Stunden zurückzuhängen. Dann kam ich zurück – mit meinem Sohn – und musste mir anhören, dass dieses Modell einem Bademantel gliche, womit das Thema erledigt war.)

Also: Bei größeren Anschaffungen gilt: nach Möglichkeit einmal darüber schlafen – oder zumindest ein Viertelstündchen um den Block gehen und nachdenken. Passt das wirklich in mein Budget? Kann ich mir das tatsächlich leisten? Und brauche ich es überhaupt?

Weiter will ich das Thema Kreditkarte nicht vertiefen – in jeder größeren Stadt gibt es Schuldnerberatungsstellen, falls man wirklich in der Tinte sitzt.

Vom **Umgang** mit der **Bank**

Natürlich brauchen Sie ein *Girokonto.* Darüber erledigen Sie einen großen Teil Ihrer finanziellen Transaktionen. Die meisten Leute schwören dann auf „ihre" Bank und vergessen, dass man bei Geldgeschäften – wie überall sonst auch – *Preisvergleiche* anstellen muss. Das gilt für Kredite wie für Geldanlagen. Banken fordern schon bei der Einstellung von Auszubildenden „Verkaufstalente". Was meinen Sie wohl, wofür? Der Verkäufer soll für seine Bank hohe Gewinne erzielen – durch seine Beratung. Das bedeutet z. B., dass jede Bank oder Sparkasse versuchen wird, ihre eigenen Fonds und natürlich nicht die vielleicht günstigeren einer Konkurrenzbank zu verkaufen.

Vergleichen Sie also schon beim Einrichten eines Girokontos, was es Sie an Gebühren kostet (im Idealfall gar nichts – außer Sonderleistungen wie Versand der Auszüge etc.). Werden Guthaben auf Ihrem Girokonto verzinst? Wichtig ist auch der Service.

Wenn man selbst zur Bank geht, empfiehlt es sich natürlich, die Stoßzeiten zu meiden: In der Mittagspause sausen viele mal eben los, und an den „Zahltagen" ist es auch erwartungsgemäß voller. Auch an Montagen ist oft mehr los, denn da geht es vielen Leuten so wie vielleicht auch Ihnen: Sie haben am Wochenende Ihre Finanzen in Ordnung gebracht und wollen das jetzt bei der Bank regeln.

Wie sicher ist Homebanking?

Ein Wort zum *Homebanking,* das Ihnen ja Warteschlangen vermeiden hilft. Kaum eine Bank kann Ihnen wirklich hundertprozentige Sicherheit versprechen: Hacker können an Ihre Daten kommen, und Banken sind in der Regel laut Fernsehbericht nicht so abgesichert, dass sie Ihnen einen Versicherungsschutz anbieten können, bei dem die Beweislast nicht an Ihnen hängt. Ausnahme war im Jahr 2000 die Sparda, deren Computer auf eine ganz besondere Weise geschützt sind. So lange diese Unsicherheiten bestehen, erledige ich meine Bankgeschäfte lieber persönlich.

Wenn Sie zur Bank gehen, können Sie die Formulare schon ausgefüllt haben, das spart Zeit. Allerdings setze ich meine Unterschrift erst vor dem Schalter darunter – „So viel Zeit muss sein" – schließlich könnte man seine Tasche verlieren …

Vorsicht mit Unterlagen. Trickbetrüger können anhand von zerrissenen und weggeworfenen Kontoauszügen, aber auch von Belegen aus Geldautomaten an Daten gelangen und Ihr Konto räumen – solche Belege gehören nicht in den Bankpapierkorb!

Dass man einen Betrag bis 2000 € monatlich von einem *Sparbuch* ohne Ausweis einfach so abheben kann, finde ich ein Unding. Aber ein Sparbuch lohnt sich sowieso nicht, außer für geringe Beträge. Für die Banken lohnt es sich schon: Sie geben Ihnen für Ihr Geld, wenn es hoch kommt, 2,5 % Zinsen – und verleihen es für ein Vielfaches. Das auf einem Sparbuch angesammelte Geld verliert beständig an Wert (denken Sie an die Inflationsrate, die seit der Gründung der Bundesrepublik jährlich bei rd. 3,0 % liegt), deshalb sollten Sie sich für das wirkliche Sparen auf andere Möglichkeiten besinnen. Ich denke an Bundesobligationen, Bundesschatzbriefe oder Investmentfonds, aber da gibt es noch so viele andere Möglichkeiten, dass Sie sich informieren müssen. Über Hefte wie Wirtschaftswoche und ähnliche – nicht nur über die Verkaufstalente der Bank.

Schneckenpost

Wenn man seine *Überweisungen* per Post schickt, kann es manchmal sehr lange dauern, bis die Bank sie gutschreibt – ich habe schon 12 bis 14 Tage gewartet bei größeren Summen – in dieser Zeit verdient die Bank dann fleißig.

Geldautomaten sind eine feine Sache – ich sehe allerdings immer noch meine Freundin Anne vor mir, die in England an einem Samstag 100 Pfund ziehen wollte, auch alles richtig machte – aber das Geld kam nicht raus. Abgebucht hatte der feine Automat – bloß zahlen wollte er nicht. Beim nächsten Kunden lief alles normal – und dann beweise man montags mal einer englischen Bank, dass man samstags nichts herausbekommen hat!

Bei uns ist das unvorstellbar, in England aber nicht ungewöhnlich. Ich habe für mich daraus geschlossen, dass ich im Ausland lieber *in* eine Bank gehe und dort alles – wenn auch umständlicher – am Schalter erledige oder, notfalls, zumindest zu Banköffnungszeiten an den Automaten gehe, damit ich sofort reklamieren kann, wenn etwas schief läuft.

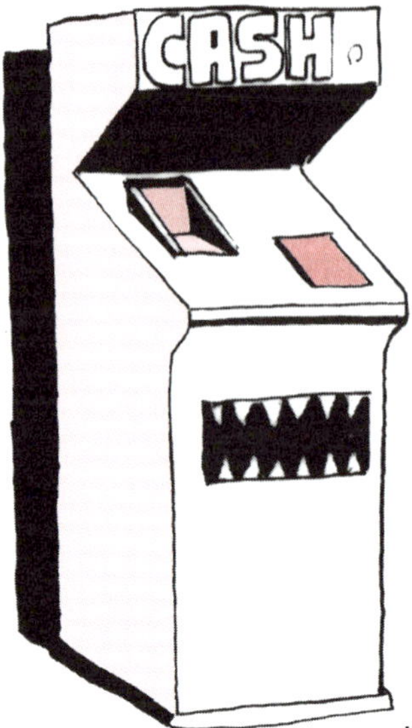

Allerdings sind die Öffnungszeiten auch der deutschen Banken so kundenunfreundlich, dass sie einen schon fast zum Homebanking zwingen.

Ich vermute auch, dass es bald keine Schecks mehr geben wird. Dann läuft alles über Kreditkarte oder Chip auf Ihrer elektronischen Scheckkarte.

Solange Sie aber noch Schecks haben, empfehle ich Ihnen nicht nur – wie die Bank auch – Ihre Schecks und Scheckkarte getrennt voneinander aufzubewahren, sondern auch die Telefonnummer immer bei sich zu haben, bei der Sie Ihre Karte *sperren* können, wenn Sie sie verloren haben oder sie Ihnen gestohlen wurde. (Telefonnummer Ausland: 00 49 [0 18 05] 02 10 21). Diese Stelle hat die einheitliche Service-Nummer der Banken und Sparkassen und ist Tag und Nacht besetzt. Auch die Bank, bei der man sein Konto hat, muss informiert werden. Und Sie müssen Anzeige erstatten, wenn Sie die Schecks oder Karten nicht verschusselt haben, sondern sie Ihnen tatsächlich gestohlen wurden. Wenn Sie allerdings daran eigentlich selber schuld sind – weil Sie zum Beispiel Ihre Aktentasche samt Scheckkarte und Schecks auf Ihrem Autositz deponiert haben, und „nur mal eben" für fünf Minuten in einen Laden entschwanden, beim Zurückkommen aber nicht nur das Wagenfenster kaputt, sondern auch Ihre Tasche weg ist – dann haben Sie „grob fahrlässig" gehandelt und die Bank wird Ihnen pro vom Dieb eingelösten Scheck mindestens etwa 200 € abziehen. Dies gilt nicht, wenn Ihnen nur die Schecks aus dem Mantel geklaut wurden, Sie die aber sofort haben sperren lassen und die Scheckkarte noch in Ihrem Besitz ist: Wenn dann jemand Ihre Schecks trotz Sperrmeldung einlöst, muss die Bank das widerrechtlich abgehobene Geld auf Ihr Konto zurückbuchen.

Hotline bei Kartendiebstahl

Viele wissen nicht, dass Banken die Schecks unterschiedlich lange sperren: Das schwankt zwischen einem halben Jahr und zwei Jahren. Manchmal gilt die Sperre auch unbefristet – bitte fragen Sie unbedingt Ihre Bank danach – sonst kann es Ihnen passieren, dass der Dieb den Scheck erst nach Jahren in Umlauf bringt – und Sie dafür blechen müssen, weil die Sperre abgelaufen ist!

Geheimzahl als Gehirnjogging

Dass Sie Ihre *Geheimzahlen* nicht auf den Karten notieren, ist klar – allerdings wimmelt es in meinem Kopf nur so von Geheimzahlen, Handynummern und normalen Telefonnummern, dass ich es schon fast als geistige Fitnessübung betrachte, sie alle richtig zu „speichern".

Ein Tipp zum Verschlüsseln von Geheimzahlen: Man merkt sich *einmal* eine drei- bis vierstellige Nummer, die man nie vergisst – z. B. Ihre erste Autonummer, wenn sie nicht gerade 110 war, Ihre erste Telefonnummer oder was auch immer. Diese Nummer zieht man von jeder Geheimnummer ab, die man sich merken muss – und kann sie dann sogar aufschreiben, denn mit dieser „Restzahl" kann ein Dieb nichts anfangen.

Wenn ich einen Scheck ausstelle, notiere ich mir sofort die Endnummer, Datum, Summe und Zweck in meinem Notizbuch. Es ist mir nämlich mehr als einmal passiert, dass ich am Monatsende grübelnd über dem Kontoauszug saß und nicht wusste, wofür das Geld ausgegeben worden war – dann mutmaßt man doch, ob man den Scheck wohl verloren habe und ein Betrüger ...? Anruf bei der Bank, kompliziertes Abfragesystem und dann eine Kopie des Schecks – aber das kostet! Und natürlich hatte man ihn selbst ausgestellt, und selbstverständlich nimmt man sich dann vor, das nächste Mal achtsamer zu sein. Da waren die Scheckbücher früher, die wie ein Quittungsblock mit Einzelnachweis aussahen, praktischer als die Einzelschecks.

Wenn Sie selbst von jemand anderem einen Scheck annehmen, sollte das immer ein *Eurocheque* sein. Hier ist die Bank verpflichtet, Ihnen bis zu 200 € auszuzahlen, selbst wenn er nicht gedeckt wäre. Bei normalen Schecks muss sie das nicht – und wenn der andere den Scheck gesperrt hat und die Bank nicht kulant ist, bekommen Sie nichts.

Ein Safefach ist nicht teuer

Lohnt es sich für Sie, ein *Safefach* bei einer Bank zu unterhalten? Erkundigen Sie sich zuerst einmal, was das kostet: ich war erstaunt, dass es gar nicht so viel ist.

Was gehört in so ein Fach hinein? Ich denke all das, was zu wertvoll ist, als dass es verlegt, gestohlen oder durch Feuer zerstört werden dürfte. Und in den Ferien besondere Wertsachen, die man nicht mit sich herumschleppen, aber auch nicht im Zimmer liegen lassen willst – also zum Beispiel eine wertvolle goldene Uhr oder ein alter Siegelring. Aber auch leere Scheckformulare, Kreditkarten, die man nicht mit auf die Reise nimmt, Sparbuch, Aktien, Goldmünzen.

Grundsätzlich können Sie auch eine Liste hineinlegen, auf der Sie sich wichtige Identifikationsnummern aufgeschrieben haben: Es ist bedeutend leichter, einen Personalausweis, Führerschein, Kreditkarten wiederzubekommen, wenn Sie die Nummer wissen. Auch Versicherungspolicenummern, Nummern von Aktien und Wertpapieren – wenn Sie sie nicht sowieso hier deponieren – würde ich mir notieren. Haben Sie hier Ihre Geburtsurkunde, Ihr Diplom oder andere wichtige Papiere deponiert? Ihren Reisepass (denn den brauchen Sie ja nicht immer mit sich herumzuschleppen – in der Regel reicht der Personalausweis) und den Grundbucheintrag, wenn man Immobilien sein Eigen nennt, können Sie hier sicher verstauen.

Es empfiehlt sich, eine Liste der Sachen anzulegen, die man in seinem Banksafefach deponiert hat – sie erspart Ihnen mühsames Hin- und Hergerenne, wenn Sie vergessen haben, wo Ihr Pass nun ist. Legen Sie die Liste in Ihre *Hängeregistratur.* (Und vermerken Sie im Notizbuch die Gültigkeitsdauer Ihres Passes, damit Sie ihn rechtzeitig verlängern können.)

Neben dem Banksafefach habe ich zu Hause noch eine kleine feuerfeste Stahlkassette – hierin bewahre ich wichtige Dokumente auf und das Geld für die nächsten Wochen.

Kreditkarten – nicht überall gern gesehen

Ich denke an einen unserer Englandaufenthalte, wo wir ohne Kreditkarte ein Auto mieten wollten: Das wäre ohne die Bürgschaft (!) einer netten Unisekretärin nicht gegangen, obwohl wir ausreichend Bargeld dabei hatten – und es ja nicht ganz leicht sein dürfte, mit einem gestohlenen Mietwagen die Insel zu verlassen. Anders als in Amerika und England, wo man als Mensch ohne Kreditkarte eigentlich nicht existiert, gibt es in Deutschland noch viele Geschäfte, die keine Kreditkarten akzeptieren. In einer so kleinen Großstadt wie Hildesheim hat man zumindest in Boutiquen ein Problem. Trotzdem sind Kreditkarten auch bei uns auf dem Vormarsch. Sie kosten *Jahresgebühren.*

Bargeld lacht

Manchmal kann man in einem Geschäft handeln, indem man mit der Kreditkarte wedelt, aber – gegen einen kleinen Rabatt – auch Bargeldzahlung anbietet. Dieser Tipp stammt von einem Bankdirektor – und der muss es ja wissen. Bei Einkäufen im Ausland fällt das lästige Geldwechseln flach. Und über Internet kann man mit Kreditkarte bestellen, wobei mir als misstrauischem Menschen manchmal schon mulmig wird, wenn ich denke, was man mit dieser Nummer alles machen könnte, wenn sie in falsche Hände geriete. Bei Diebstahl müssen Sie natürlich die Karte sofort sperren lassen.

Der Weg zum 1-Sterne-Koch:

Vom Topf zum Menü

Kochen kann jeder, der lesen kann – mit diesem Spruch habe ich meinem Mann das Kochen beigebracht, und ich finde diesen Satz immer noch richtig.

Allerdings gibt es ein paar *Grundlagen* und Kniffe, die es einem erheblich erleichtern, und die möchte ich hier vorstellen – dann brauchen Sie nicht 15 Kochbücher zu wälzen, um herauszufinden, wie man Salzkartoffeln kocht. Ja – Salzkartoffeln. Oder die berühmte „helle Soße", die alle Kochbücher voraussetzen: „Als Grundlage nehme man eine helle Soße …" – ja, aber woher denn?

Die lange Liste der Zusatzstoffe

Klar, Sie sind clever: Natürlich gibt es diverse helle Soßen zu kaufen, und dagegen ist auch nichts zu sagen. Bloß: Eine selbst gemachte schmeckt doch anders (in einem Mainzer Nobelgeschäft stand ein Schild: „Ähnliches ist nicht dasselbe!"), zudem wird es auf Dauer billiger. Und: Mal angenommen, Sie reagieren auf Natriumglutamat (= Geschmacksverstärker) mit heftigen Kopfschmerzen wie viele Menschen – spätestens dann sollten Sie wissen, wie Sie eine helle Soße ohne „Sahnepulver, Maltodextrin, Butterreinfett, Trockeneigelb, Geschmacksverstärker, Jodsalz, Gewürzextrakte, Milchzucker, Säuerungsmittel und Hefeextrakt" zustande bringen. (Das war die Inhaltsangabe auf der Packung.) Bei mir braucht man nur Butter, Mehl, Milch und Salz.

Ich steige also wirklich in die „Niederungen der Kochkunst" hinab – ach, Unsinn: nicht Kunst, sondern Handwerk. Dann werde ich noch ein paar Superrezepte verraten, mehr nicht, denn ich will hier kein Kochbuch schreiben – davon gibt es unendlich viele und sehr, sehr schöne auf dem Markt.

Auf jeden Topf passt ein Deckel: Küchengeräte

Was brauchen Sie unbedingt in Ihrer Küche? Zuerst einmal Töpfe und Pfannen. Wenn Sie vergleichen, werden Sie feststellen, dass es enorme Preisunterschiede gibt. Die sind zum Teil auch wirklich begründet und hängen vom verwendeten Material und der Verarbeitungsart ab. (Manchmal bekommt man für das Jahresabonnement einer Zeitschrift ein wunderbares Edelstahl-Topfset …) Wichtig ist, dass der Boden eines Topfes eben ist, und er sollte möglichst solide sein (zwischen 1,5 und 6 mm stark). Auf keinen Fall darf er kleiner als die Kochplatte sein – sonst verschwenden Sie Energie. Die verschiedenen Materialien haben Vor- und Nachteile: *Aluminium* leitet die Wärme gut, ich finde es aber gesundheitlich nicht unbedenklich und es wird schnell hässlich; *Emaille* kann abplatzen; *Edelstahl* ist toll, aber teuer; *Gusseisen* ist schwer und kann rosten, feuerfestes Glas leitet die Wärme schlechter.

Ich denke, zuerst mal reicht als Kochgeschirr:

1 großer Topf, 5-7 Liter
(für Spaghetti etc.)
2 mittlere Töpfe, 2,5 Liter
(z. B. für Kartoffeln oder Gemüse)
1 kleiner Milchtopf
1 große Pfanne, titanbeschichtet
1 kleine Pfanne (für Spiegeleier), kann mit
Teflon beschichtet sein,
vielleicht eine Auflaufform
(wenn Sie einen Backofen haben)

Bei den *Pfannen* finde ich die Titan- oder Teflonbeschichtung sehr praktisch, weil nichts anklebt, selbst wenn man sehr wenig oder gar kein Fett zum Braten nimmt. Achten Sie aber darauf, die Pfanne nicht zu überhitzen (was sowieso nicht gut ist, denn verbranntes, rauchendes Fett kann nach Meinung von Wissenschaftlern zu Krebs führen). Und kratzen Sie nicht mit Messer oder Gabel darin herum, denn dann geht die Beschichtung kaputt.

Seid sanft zu Teflon!

Töpfe und Pfannen sollten zu Ihrem Herd passen: Für Elektroherde kann der Boden des Topfes anders aussehen als für Gas – fragen Sie im Fachgeschäft. Deckel müssen gut schließen, Griffe sollen solide sein. (Topflappen brauchen Sie trotzdem.)

Was brauchen Sie noch?

- eine **Küchenwaage,**
- einen **Messbecher** zum Abmessen von Flüssigkeiten,
- zwei **Holzlöffel** (die dürfen auch aus Plastik sein – achten Sie darauf, dass sie oben eine Öse haben, dann kann man sie an einer praktischen Hakenleiste an der Wand aufhängen),
- einen **Schneebesen** (zuerst mal einen kleineren – der ist auch gut zum Rühren von Salatsoßen),
- eine **Zitronenpresse** (ich meine diese schlichte Glas- oder Plastikpresse: ein Auffangtellerchen, aus dem sich kegelförmig die Zitronenform erhebt – nicht so ein elektrisches Gerät),
- einen **Büchsenöffner**,
- ein kleines und ein großes **Küchenmesser,** wirklich scharf – achten Sie auf Ihre Finger! Obwohl ich Übung habe, passiert mir mit neuen kleinen Küchenmessern schon mal ein schmerzhaftes Missgeschick. Aber stumpfe Messer können einem die Arbeit wirklich erschweren! Gute Messer sind ziemlich teuer, halten aber auch. (Ich muss hier eine Familienanekdote erzählen: Meine Schwester, Ulrike Callet, hat ein Kochbuch geschrieben, „Kochen wie Madame in Frankreich", und sollte im Fernsehen ihre Quiche Lorraine vorführen. Als sie am Flughafen durch die Kontrolle wollte, wurde sie angehalten: Ihr riesiges Messerset im Koffer erweckte Verdacht. Als sie erklärte „Die brauche ich für einen Fernsehshow", sagte der Kontrolleur: „Also, ich habe ja schon viele Ausreden gehört, aber das ist der Gipfel!")

Schlechtes Werkzeug erschwert die Arbeit

- einen **Sparschäler** zum Schälen von Kartoffeln, Gurken usw.,
- ein großes Holz- oder **Plastikbrettchen**,
- einen **Korkenzieher, Flaschenöffner,** Gerät zum **Schraubdeckel** öffnen,
- ein **Salatbesteck,**
- eine große **Plastikrührschüssel** und eine in Becherform zum Sahneschlagen,
- einen „Salatseiher", das ist ein großes **Sieb,** durch das Sie auch Nudeln abgießen können.

Außerdem sind praktisch:

- ein elektrischer **Handmixer**: Damit kann man u. a. Sahne schlagen, Kuchenteig rühren und mit dem Passierstab aus brockiger Gemüsesuppe eine feine Cremesuppe zaubern,

- oder gleich ein **Küchenmixer** (wie wäre es mit einem Zeitungsabonnement für ein Jahr, dann bekommt man ihn oft als Werbegeschenk?),
- ein elektrischer **Wasserkocher,**
- vielleicht ein **Eierkocher** und ein **Toaster,**
- eine **Kaffeemaschine,**
- ein schwerer **Teigroller,**
- eine **Knoblauchpresse** (wenn man Knoblauch mag),
- eine Reibe für Muskatnüsse (nehmen Sie gleich eine aus Edelstahl, das rostet nicht),
- eine **Pfeffermühle** (denn Pfeffer sollte stets frisch gemahlen werden) mit gutem Laufwerk.

Gas- oder Elektroherd?

Wenn Sie wählen können – was bei Mietwohnungen wohl selten der Fall sein wird –, ob Sie einen *Gas-* oder einen *Elektroherd* wollen, würde ich Gas entschieden vorziehen. Die Flamme ist jederzeit leicht zu regulieren, während eine Elektroplatte noch lange nachheizt. Ich mag das „offene Feuer". Beim Backofen allerdings ist elektrische Wärme schön gleichmäßig – aber ich komme auch mit Gas (plus Umluft) prima hin.

Eine *Mikrowelle* hat ihre Daseinsberechtigung, obwohl man sich vom Ernährungsstandpunkt her trefflich drüber streiten kann (sie verändert beim Garvorgang bestimmte Moleküle). Für mich ist es ein genießerisches Problem: Ich verabscheue nun mal Aufgewärmtes (schlimm genug, dass es jetzt selbst in den sehr guten Restaurants manchmal nicht nur verdächtig schnell geht, sondern auch die Soße diese merkwürdige Konsistenz hat …) Und möchte ich mir eine Tasse kalten Tee in der Mikrowelle wieder aufwärmen? Igitt! Ich liebe die Zeremonie, das leise Summen im Wasserkessel, das Aufbrühen und Warten – und so lange dauert es ja wirklich nicht. Ich halte es da mit den Kinks: „Make a brandnew pot of tea!"

Achten Sie darauf, sich nicht zu viele *elektrische Geräte* anzuschaffen: Nach meiner Erfahrung brauchen sie viel Platz in der immer zu kleinen Küche und stehen, nachdem die anfängliche Begeisterung abgeklungen ist, meist nur rum, denn mit ihnen ist es wie mit dem romantischen Kamin: Nach der Benutzung wollen sie auch wieder sauber gemacht werden, und das ist oft ziemlich aufwendig und kompliziert! In diese Kategorie gehören für mich: die elektrische Saftpresse, der elektrische Milchshaker, der Sandwichröster – „You get the idea": Die Reihe ließe sich beliebig fortsetzen, das können Sie in jedem Lifestyle-Katalog nachlesen.

Bloß nicht zu viel elektrische Geräte!

Ein wichtiges Utensil habe ich ja fast vergessen: die *Küchenschürze!* Das mag Ihnen albern vorkommen – aber vielleicht schon weniger, wenn Sie mit Ihrem guten Pullover in die Reinigung müssen, weil sie die Fettspritzer nicht mehr rauskriegen, oder Tomatensoße beim Abschmecken auf Ihr Oberhemd kleckerte ... Es gibt auch Schürzen für Männer – die können sogar schick aussehen.

Muss man denn vom Fußboden essen?

Hygiene in der Küche

Hierzu nur wenige Worte. Lebensmittel sind empfindlich, und Essen soll uns gesund erhalten, nicht krank machen. Die meisten der folgenden Ratschläge sind hoffentlich selbstverständlich – da das Buch auch aber viele „Prinzen" erreichen soll, seien mir einige Wiederholungen nachgesehen:

Mit dem Rührlöffel wird zum *Abschmecken* ein wenig von der Soße auf ein Extralöffelchen getan – der mit der Soße im Topf nicht in Berührung kommt! (Stellen Sie sich einen verschnupften Koch vor – ach, es reicht schon: Stellen Sie sich einen anderen Koch als sich selbst vor ...)

Immer *Hände waschen,* bevor man mit den Küchenvorbereitungen anfängt (stellen Sie sich vor, Sie haben einen Geschäftsbummel hinter sich, vieles angefasst, einigen die Hand geschüttelt – und nun holen Sie das Brot aus dem Schrank und schneiden sich eine Scheibe ab).

Geschirrtücher heißen so, weil sie keine Handtücher sind. Bitte leisten Sie sich zwei Tücher zur selben Zeit!

Wischlappen sollen sauber sein – sie können ausgekocht oder ersetzt werden, weil sie schnell zu einem idealen Nährboden für Bakterien werden. Zum Spülen nehmen Sie lieber Spülbürsten.

Seit der grünen Welle mit der Mülltrennung gibt es besonders im Sommer vermehrt Fliegen in der Küche. *Fliegen* fliegen überall, ich will hier nicht deutlicher werden, aber wenn sie von draußen kommen und sich dann auf offen herumliegende Lebensmittel setzen – vielen Dank. Es gibt Butterdosen, Drahtabdeckhauben für Kuchen, Käseglocken, notfalls ein paar Mulltücher.

Fly away!

Leeren Sie Ihren *Ökoeimer* mit organischem Abfall bitte jeden Tag und spülen Sie ihn aus (Gummihandschuhe!). Sie sollten die organischen Abfälle in Zeitungspapier einwickeln. Dass auch im heißesten Sommer die Ökotonnen mancherorts nur alle zwei Wochen geleert werden, ist eine Schweinerei – beschweren Sie sich bei Ihrer Stadtverwaltung.

Waschen Sie *Obst* vor dem Rohessen gründlich unter fließend warmem Wasser ab – bei Öko-Obst genügt das. Bei konventionellem Obst kann man ruhig etwas Spülmittel benutzen, um Spuren von Schädlingsbekämpfungsmittel von der Apfelschale herunterzubekommen. Hoffentlich. Natürlich danach gut mit klarem Wasser spülen.

Beim *Salat* wasche ich übrigens Blatt für Blatt mit lauwarmem Wasser: Zum einen wegen des Sandes – und zum andern wegen der doch manchmal im Ökosalat hausenden kleinen Schnecken oder Blattläuse.

Blatt für Blatt

Beim Umgang mit *Hühnerfleisch* bitte besonders aufpassen: Es besteht Salmonellengefahr, d. h., es darf kein Fleischsaft an andere Lebensmittel kommen. Spülen Sie Messer oder Haushaltsschere deshalb immer gründlich sauber, auch das Brettchen oder den Teller, auf dem beim Schneiden Fleischsaft ausgetreten ist. Braten Sie das Fleisch gut durch und machen Sie vor dem Servieren die Schnittprobe. Ist das Fleisch noch rosa, zurück in die Pfanne!

Das gilt auch für *Eier:* Achten Sie darauf, dass sie ganz frisch sind (wobei die Auszeichnungspflicht dem Verbraucher immer noch recht muntere Rätsel aufgibt – bei einigen steht das Haltbarkeitsdatum drauf, bei anderen das Legedatum). In englischen Rezepten steht bei Gerichten, die mit Eierschnee zubereitet werden – wie Mousse au chocolat oder Tiramisu – immer ein Warnhinweis, dass ältere Personen oder Schwangere nicht davon essen sollten. Sie können selbst prüfen, wie frisch die Eier sind – leider allerdings erst zu Hause (siehe Absatz „Frühstücksei", S. 131).

Beim Kochen gut lüften! Erstens kriegen Sie beim Backen nicht so eine heiße Birne und die Küche ist nicht total eingenebelt, zum andern riecht der Rest der Wohnung nicht nach Kohl …

Räumen Sie alle herumstehenden Lebensmittel nach dem Kochen wieder weg. Wischen Sie den Herd und die Arbeitsfläche gleich sauber, und falls etwas Soße auf dem Fußboden gelandet ist: wischen Sie sie auf, denn wer will schon Tomatensoße im Teppich des Wohnzimmers wiederfinden?

Ich hoffe, Sie mögen nach diesen vielen Warnungen überhaupt noch kochen. Andererseits: Je länger man darüber nachdenkt, ist es vielleicht ganz nützlich – und sicher.

Ohne sie wirds brenzlig:

Planung in der Küche

Studieren geht vor Probieren

Ja, Sie haben richtig gelesen: Auch in der Küche kommen Sie ohne Planung nicht aus. Das beginnt schon beim Einkauf: Es ist bitter, wenn man beim Kochen feststellt, dass eine Zutat fehlt. Klar, die Nachbarin ist bereit, Ihnen mal etwas Zucker zu leihen, auf Dauer gibt es aber bessere Methoden der Nachbarschaftspflege. Also lesen Sie sich vor dem Einkauf im Rezept genau durch, was Sie brauchen, kontrollieren, was Sie schon haben, und schreiben Sie einen *Einkaufszettel.*

Die Zutaten für ein Gericht können Sie sich dann abgewogen hinstellen und dazu die Gerätschaften, die Sie brauchen werden. Sonst kann es passieren, dass Ihnen die Milch überkocht, während Sie gerade nach dem Rührlöffel suchen!

Überlegen Sie sich auch die *Reihenfolge,* in der Sie bestimmte Kochhandgriffe erledigen wollen. Dazu gehört, dass man das Rezept wirklich aufmerksam durchliest – es schmeißt Ihr Konzept über den Haufen, wenn Sie am Tag der Party feststellen, dass Sie das Fleisch über Nacht hätten marinieren sollen, damit die Gewürze gut in das Fleisch eindringen.

Oft sind in einem Rezept auch Zeiten angegeben, in denen ein Teil des Gerichts abkühlen muss: Studieren Sie die Zeitangaben eines Rezepts also genau und halten Sie Ausschau, ob sich noch andre Zeiten drin verstecken.

Ein grundsätzlicher Tipp: Kochen Sie für Gäste nur etwas, was Sie schon einmal gemacht haben – Überraschungen kann man sich auch auf andere Weise verschaffen.

Methode Eichhörnchen:

Einige nützliche Vorräte

In einem kleinen Appartement werden Sie nicht gerade viel Platz für Vorräte haben. Trotzdem empfiehlt Nigel Slater in „Real Fast Food", dass man ein paar Dinge immer im Haus haben sollte:

Wenn er sich drei Dinge wünschen dürfte, falls er nach einem Schiffbruch auf eine einsame Insel gespült würde (wobei er sich an einen Sack Reis, ein paar Kartoffeln und Nudeln wohl festgeklammert hat, denn die setzt er voraus), so sind das Zitrone, Olivenöl und Parmesankäse.

Wenn der Platz ausreicht ...

Gut – dies können Sie auch ohne Schiffbruch lagern. Dann sollte noch etwas Platz übrig sein für Senf, Salz, schwarze Pfefferkörner und Gewürze (Zimt, Curry, Paprikapulver), eventuell ein paar fertige Soßen (wenn Sie mal keine Zeit zum Kochen haben), ein paar Dosen (Tomaten, Sardinen, Thunfisch, kleine weiße Bohnen) und natürlich Zucker und Mehl.

Ich würde das noch ergänzen durch zwei gute Dosensuppen, einen Liter H-Milch (mag ich zwar nicht – aber zur Not besser als nichts) und eine Dose Kondensmilch, ein paar Brühwürfel und ein Glas Honig.

Wichtig ist außerdem ein gutes, kaltgepresstes (!) Olivenöl (z. B. von Aldi – das fand die Stiftung Warentest günstig und lecker). Dazu ein guter Sherry-Essig oder Balsamico – der ist zwar recht teuer, aber da Essig ewig hält, rechnet er sich langfristig. Nützlich sind auch ein Glas Honig und Marmelade sowie Knäckebrot. Und eine Flasche Wein oder Sekt setzt einem überraschenden Anlass zum Feiern ein Highlight auf.

Jetzt gehts zur Sache:

Das Kochen

Bevor es richtig losgeht, sollte man sich Gedanken über den Bedarf machen.

Mengen und Maße

Wie viel Hunger haben Ihre Gäste?

Es ist ziemlich schwierig, vorherzusagen, welche Mengen man für ein Essen pro Person einplanen muss. Es gibt Esser, die hauen rein wie die Scheunendrescher, andere picken wie Vögelchen im Essen. Trotzdem gibt es gewisse Richtwerte, die allerdings sogar von Kochbuch zu Kochbuch variieren – deshalb testen Sie, falls Sie für Gäste kochen, einmal an einem Rezept durch, ob es wirklich für die angesprochenen vier Personen reicht. Ich habe lieber etwas mehr als zu wenig – andererseits mag ich auch kein Essen wegwerfen. Man nimmt für

Suppe als Vorspeise	1/4 l pro Person. Da beim Kochen Flüssigkeit verdampft, setzen Sie für 4 Personen 1 1/4 l Flüssigkeit auf.
Suppe als Hauptgericht	1/2 l pro Person (wieder 1/4 l mehr bei 4 Personen)
Reis oder Nudeln	als Hauptgericht etwa 125 g pro Person
Kartoffeln	250 bis 300 g pro Person
Gemüse	200 bis 250 g pro Person
Soßen	1/8 l Bratensoße, sonst 1/4 l Soße pro Person
Fleisch	150 bis 200 g pro Person. Bei Hackfleisch für 3 Personen 300 g (hungrige junge Männer brauchen 500 g)
Fisch	200 bis 250 g pro Person, wenn man nicht viel Beilage hat.

Ich bin für „genaues Kochen" – das heißt, ich benutze Küchenwaage und Messbecher und wiege Zutaten exakt ab. Es gibt Köche, die finden das pedantisch – zum Teil sind das ganz begnadete Menschen, die mit viel Fantasie und Fingerspitzengefühl kochen – meist haben sie auch eine große Portion Erfahrung. Weniger begnadete Köche, die auch nach „Gefühl" kochen, begehen Verbrechen am Magen ihrer Mitmenschen …

„Backen nach Gefühl" ist unmöglich

In einem sind sich jedoch alle einig: Backen nach Gefühl ist ein Ding der Unmöglichkeit – hier müssen die Maße wirklich stimmen!

Hier einige Mengenangaben, denen man häufig begegnet:

- 1 Prise: meist Salz oder Muskat. Das ist so viel, wie man zwischen Daumen und Zeigefinger fassen kann (ich weiß: Es gibt kleine und große Finger – das ist das Abenteuer beim Kochen)
- 1 gestrichener Teelöffel: das sind etwa 3 g Backpulver oder 4 g Zucker oder 5 g Salz
- 1 gestrichener Esslöffel: das sind etwa 10 g Mehl oder 16 g Zucker oder 15 g Butter
- 1 Bund Suppengrün: sollte enthalten: 1 Stange Porree, 1 Mohrrübe, 1 Stück Sellerie und – mit Glück – auch 1 Petersilienwurzel
- 1 Glas Wein: in der Regel etwa 100 ml

Das **Abschmecken**

Wissen Sie, dass es Menschen gibt, die die gutmütigste Hausfrau rasend machen können? Das sind diejenigen, die ein Gericht schon nachsalzen, bevor sie es überhaupt probiert haben. Kennen Sie da jemanden? (Es gibt eine psychologische Erklärung dafür, aber ich habe sie vergessen.)

Weniger ist mehr

Wenn Sie für andere kochen, hier ein guter Rat: Nachwürzen kann man immer – und die meisten Menschen ziehen ein mild gewürztes Gericht vor, in Europa zumindest. Denn wenn Sie erst mal ein Fass voll Salz in die Suppe gekippt haben, werden Sie das nicht wieder gutmachen können (es gibt zwar auch hier ein paar Tricks, aber da würde ich eher die Suppe in den Ausguss kippen).

Also: zum Würzen kleine Prisen; erst mal wenig Essig (schütten Sie ihn vorsichtig neben dem Topf auf einen kleinen Löffel – wenn Sie das über dem Topf machen, kommt mit Sicherheit – schwupps! – ein Riesenschuss heraus).

Sparsam pfeffern (sonst sitzen keuchende Rotgesichter an Ihrem Tisch), nicht zu viel Zucker.

„Krauts" lieben Kräuter

Oft können Kräuter höchst interessante Geschmacksvarianten zaubern – und die Vielfalt an Kräutern hat auch auf norddeutschen Märkten zugenommen. (Früher gab es bei uns in Bremen nur Petersilie und Schnittlauch – was habe ich auf dem Mainzer Wochenmarkt über die Vielfalt an Kräutern gestaunt!)

Und wenn Sie manche Kräuter nicht bekommen, dann ziehen Sie sie selber in Töpfen auf dem Fensterbrett: Überall kann man Töpfe mit Basilikum, Salbei, Schnittlauch und Thymian oder Rosmarin kaufen. Wenn Sie Schnittkräuter auf dem Markt kaufen, sehen Sie sie sich genau an: Sie sollten nicht schon labberig auf dem Stand liegen. Und stellen Sie sie zu Hause in ein Glas mit Wasser!

Aufpeppen mit Kräutern

Kräuter schmecken nicht nur lecker, sie sind auch gesund.

- Petersilie: Darf an keinem Salat fehlen. Ich bevorzuge die glattblättrige Sorte, die fein gehackt viel intensiver schmeckt. Lecker zu grünen Erbsen oder zu Karotten.
- Schnittlauch: In kleine Röllchen geschnitten, gehört ebenfalls an den Salat.
- Basilikum: Lecker! Dieser Duft! Prima zu frischen Tomaten mit Mozzarella, aber auch super zur Tomatensoße, da bitte nicht mitkochen, sondern erst zum Schluss großzügig zerpflückt hinzugeben.
- Bohnenkraut: Ist nicht mit der Bohne verwandt, schmeckt aber lecker zu grünen Bohnen.
- Dill: Passt gut zu Gurkensalat, aber auch in weißer Soße zum Fisch.
- Kresse: In weißer Soße zum Fisch; außerdem einfach so auf Brot mit Butter.
- Majoran: Gut geeignet für Kartoffelsuppen und Tomatensoße.
- Salbei: Ideale Zutat für „Saltim Bocca" – das Rezept finden Sie auf S. 139.

- Zitronenmelisse: Gehackt sehr lecker in Salat, manchmal auch dekorativ an Desserts.
- Minze: Engländer lieben Minze auch an grünen Erbsen. Da Minze sehr stark duftet, reicht meist sehr wenig.

Und jetzt zum richtigen Kochen. Ich habe ja gesagt, dass ich hier kein Kochbuch verfassen, sondern nur ein paar besondere Rezepte aufschreiben will. Vorher aber ein paar grundlegene Tipps zu den Dingen, die eine gute Mahlzeit ausmachen.

(Junges) Gemüse zubereiten

Gemüse ist gesund – je frischer, desto besser. Deshalb nicht lange im Voraus kaufen und lagern: Sofort erleidet es *Vitaminverluste.* Auch beim Einkauf muss man schon gut hingucken: Gerade einkaufenden Männern versuchen die Verkäuferinnen häufig etwas „anzudrehen". Gemüse soll knackig aussehen. (Das wissen die Händler auch und sprühen Wasser drüber – mir fällt besonders bei Mohrrüben auf, wie schnell sie zu Hause zusammenschrumpeln. Das passiert bei der Ökomöhre nicht so schnell, weil sie von Sand umhüllt ist. Allerdings wollen wir die andere Variante ja auch nicht: die zehn Wochen lagerfähige Gen-Tomate.)

Lassen Sie sich nichts andrehen

Wenn Sie Ihr Gemüse lagern müssen, tun Sie es im Gemüsefach des Kühlschranks. Die Kartoffeln sollten Sie allerdings nicht dort reintun, die kommen in eine kleine Kiste oder einen Korb. Und decken Sie sie immer mit einer Zeitung ab: sie verfärben sich bei Licht grün – und dieses Grüne, das Solanin, ist giftig!

Um Gemüse verarbeiten zu können, müssen Sie es zuerst putzen. Das bedeutet, dass Sie es waschen – und zwar immer im Ganzen, damit die Vitamine, die wasserlöslich sind, nicht verloren gehen. (Ja, Vitamine sind flüchtige Geschöpfe: Manche können durch Licht, andere durch Hitze zerstört werden – deshalb sollte man auch immer die schonendste Garmethode wählen.) Dann eventuell schälen.

Nach dem Waschen wird das Gemüse für das Kochen geschält – falls nötig – und zerkleinert. Das Ganze sollte allerdings nicht schon Stunden vor dem eigentlichen Kochen geschehen, denn je kürzer vor dem Kochen das Gemüse bearbeitet wird, desto mehr Vitamine bleiben erhalten.

Bohnen

Ehe ich Ihnen lange erzähle, wie man Bohnen putzt, gebe ich ehrlich zu, dass ich sie fast immer tiefgekühlt kaufe (die ganz feinen, jungen). Sie haben mich – im Gegensatz zu ihren frischen Schwestern – nie enttäuscht. Ich dünste sie in wenig Salzwasser (nach Packungsangabe) mit Bohnenkraut vom Markt, und nach dem Abgießen kommt etwas Butter dran und noch eine Prise Salz. Bohnen sollen nicht zu weich sein, sondern noch etwas Biss haben.

Blumenkohl und Brokkoli

Wolfram Siebeck bezeichnet beide Gemüse als „undelikate Stinker" – was ich ein bisschen ungerecht finde, denn Brokkoli ist sehr gesund, man braucht ihn fast nicht zu putzen, und er ist atemberaubend schnell zubereitet. Und er schmeckt durchaus lecker: in Röschen teilen, waschen, die Stiele leicht schälen, den großen Stiel in Scheiben schneiden. 1/2 Tasse Wasser, 1 Esslöffel Olivenöl, etwas Salz und eine klein gehackte Zehe Knoblauch mit dem Brokkoli zum Kochen bringen, nicht mehr als fünf Minuten, dann servieren.

Chicorée

Noch ein Gemüse, was vielen noch nicht so recht schmeckt. Man kann Chicorée im Dunkeln etwa acht Tage aufheben. Da er unten einen bitteren Kern hat, schneidet man den Stielansatz keilförmig heraus. Dann schneidet man den halbierten Chicorée entweder in Ringe und dünstet ihn kurz, oder, sehr lecker, brät ihn in einer Pfanne zuerst als Hälften etwas an und gießt dann etwas Wasser zu. Salzen und pfeffern.

Erbsen

Auch hier ziehe ich die feinsten jungen Tiefkühlerbsen vor – frische sind zwar köstlich zum Roh-aus-der-Schale-Essen, aber oft sind frisch gekaufte zum Kochen recht mehlig. Sie werden in ganz wenig Salzwasser mit einer Prise Zucker gegart. Bei Tiefkühlerbsen kann man rechnen, dass das Aufkochen der eiskalten Erbsen je nach Menge 5 bis 10 Minuten dauert, aber wenn sie kochen, soll das nur 1 bis 2 Minuten sein. Legen Sie keinen Deckel auf den Topf: So bleiben sie schön grün. Abgießen und etwas Butter dran, Salz drüber und gehackte Petersilie.

Fenchel

Mancher mag ihn nicht, aber der Geschmack kann sich ändern – also ab und zu probieren! Sehen Sie zu, dass Sie nur Knollen ohne braune Flecken kaufen, und auch das Grün muss noch frisch aussehen. Dieses Grün wird nämlich später gehackt und nach dem Kochen ans Gemüse gegeben. Zuerst werden der Wurzelansatz und die Stängel weggeschnitten, dann halbieren Sie die Knolle längs, legen sie auf die Schnittfläche und schneiden die Hälften in dünne Scheiben. Pro Person rechnen Sie eine Knolle. Schnell arbeiten, denn Fenchel verfärbt sich. Die Scheiben dünsten Sie in zerlassener Butter an und lassen sie im geschlossenen Topf etwa 10 bis15 Minuten ziehen. Dann geben Sie Salz, Pfeffer und eine Prise Zucker dran.

Kartoffeln

Es gibt so viele Sorten – und hat man eine entdeckt, die einem schmeckt, ist sie schon wieder „unmodern" und durch eine Neuzüchtung ersetzt. Beim Händler unterscheidet man nach Kocheigenschaften: „fest kochend" (gut für Pellkartoffeln, Bratkartoffeln oder Kartoffelsalat – z. B. „Hansa"), „vorwiegend fest kochend" wie „Bintje" und „mehlig kochend" (zerfallen beim Kochen schnell und eignen sich prima für Kartoffelpüree oder Gnocci – ärgern einen aber fürchterlich bei Salzkartoffeln).

Kartoffeln kaufen Sie wie Möhren besser lose statt in Plastiktüten – in der Tüte faulen sie leicht und stinken dann bestialisch. Lagerung (S. 36) nicht im Kühlschrank. Und nicht zu viel auf einmal kaufen.

Ganz junge Kartoffeln kann man einfach unter fließendem Wasser schrubben, in der Schale kochen und diese mitessen – sie sind lecker mit Butter und Salz. Wenn ich ältere Kartoffeln mit Schale als *Pellkartoffeln* koche, gebe ich immer etwas Salz und ein bisschen Kümmel in das *Kochwasser*, und diese Pellkartoffeln, nach dem Aufkochen auch in etwa 19 Minuten gar, pelle ich natürlich. Für *Salzkartoffeln* schält man die ungekochten Kartoffeln dünn mit dem Sparschäler. Ob Pell- oder Salzkartoffeln: möglichst gleich große Kartoffeln nehmen. Salzkartoffeln in gleich große Stücke (Hälften oder bei Riesen in Viertel) schneiden, sonst werden sie nicht gleichmäßig gar. Aus übrig gebliebenen gekochten Kartoffeln können Sie *Bratkartoffeln* machen – ich schreib das nur deswegen, weil ich gestern im Supermarkt „Bratkartoffeln in der Dose“ sah – „die spinnen, die Römer“. Kartoffeln sollten Sie nicht stundenlang im Wasser stehen lassen, sondern dann schälen, wenn Sie sie brauchen – allerdings nach dem Schälen sofort in kaltes Wasser legen, sonst färben sie sich rötlich-braun. Vor dem Kochen einmal das Wasser wechseln: Manche Sorten sind sehr stärkehaltig, dann schwimmt dicker weißer Schaum auf dem Kochwasser.

Geben Sie genug Salz ins Kochwasser – so 2 bis 3 Teelöffel, lassen Sie es aufkochen (das dauert etwa 5 Minuten). Wenn die Kartoffeln sprudelnd kochen, reduzieren Sie die Hitze etwas und lassen Sie sie etwa 18 bis 20 Minuten kochen. Küchenwecker stellen! Sie pieken mit dem Messer hinein und merken am Widerstand, ob die Kartoffel gar ist – das nennt man „Garprobe“.

Kohlrabi

Kaufen Sie Kohlrabi immer mit ein paar Blättchen dran. So können Sie sehen, ob er noch frisch ist, außerdem brauchen Sie die Blättchen gehackt für die Soße. Heutzutage ist Kohlrabi, jedenfalls wenn man ihn nicht zu lange liegen lässt, nur noch selten holzig – misstrauisch sollten Sie werden, wenn nicht nur die Blätter fehlen, sondern die Haut gelblich verfärbt oder stumpf aussieht. Die Größe sagt nicht unbedingt was aus über die Zartheit, die Farbe (grün oder blau) auch nicht, aber rund sollten sie sein. Sie schälen die Knolle, nachdem Sie die Blättchen beiseite gelegt haben und die großen Blätter mit den Stielen entfernt haben. Beim Schälen merken Sie schon, ob er zart ist. (Wenn so eine Art holziges Gitter drin ist, haben Sie ein altes Exemplar erwischt.) Dann vierteln Sie den Kohlrabi und schneiden das Viertel in dünne Scheiben – wenn Sie lieber Stifte wollen, schneiden Sie erst viel dickere Scheiben und diese dann in Stifte. In wenig Wasser aufsetzen, etwa 3 mm dicke Scheiben sind nach ca. 10 bis 12 Minuten gar.

Lauch/Porree

Vom Porree brauchen Sie nur den weißen Stängel und den ganz hellgrünen Teil zum Kochen – d. h. es gibt viel Abfall (etwa 40 %). Meist ist Porree ziemlich sandig, deshalb müssen Sie ihn gründlich putzen – oder mit den Zähnen knirschen. Zuerst schneiden Sie die dunkelgrünen Teile ab, dann unten am Weißen den „Bart". Nun schneiden Sie den Stängel von oben, vom Grün aus, nach unten ein, etwa bis in die Mitte der Stange. Dann waschen Sie sie unter fließendem Wasser, biegen dabei alles gut auseinander, damit der Sand rauskommt. Dann können Sie ihn in Ringe schneiden (und das geschnittene Gemüse nicht lange stehen lassen, es wird bitter). In einem Topf erhitzen Sie etwas Butter, geben den noch nassen Porree rein – oder garen ihn mit etwas Salzwasser. Das geht ziemlich schnell!

Möhren

Möglichst lose kaufen, in den Plastiktüten faulen sie leicht. Wenn Sie die leckeren – und teureren! – Bundmöhren kaufen, kann man am Grün erkennen, ob sie frisch sind – es darf nicht welk herunterhängen. Sie können die Möhren am besten mit einem Sparschäler dünn schälen (wenn sie ganz jung sind, im Frühjahr, reicht es, sie unter fließendem Wasser mit der Wurzelbürste zu schrubben). Kleine Möhren kann man im Ganzen kochen, sonst in etwa 1 cm dünne Scheiben schneiden. Sie werden etwa 12 bis 15 Minuten bei milder Hitze (das bedeutet: erst einmal aufkochen, – ab hier rechnen die Minutenangaben – dann die Hitze reduzieren, sodass es nur leise köchelt und nicht wie wild wallt) in wenig Salzwasser gegart, wobei eine Prise Zucker dazu gehört. Unbedingt zum Schluss an die abgegossenen Möhren (das Kochwasser für Soße benutzen!) etwas Butter – circa 1 Teelöffel – geben oder etwas Sahne, da in Möhren Carotin ist. Das kann der Körper erst zu Vitamin A verwandeln, wenn er Fett dazu bekommt. Außerdem schmeckt es besser. Petersilie klein hacken und darüber streuen – lecker!

Paprika

Können im Gemüsefach des Kühlschranks ein paar Tage gelagert werden. Nach meiner Erfahrung halten sich die grünen Schoten besser als die gelben und roten, diese schmecken mir aber besser. Drauf achten, dass man keine Paprika mit weichen (= faulen) Flecken angedreht bekommt. Hier gilt: Schönheit vor Alter, also pralle Haut vor Schrumpelfalten. In einigen Rezepten wird empfohlen, Paprika vor dem Gebrauch zu häuten – ich mache das selten. Dazu braucht man einen Grill oder eine Gasflamme und viel Geduld. Wenn man allerdings eine Mikrowelle hat, kann man die geputzten und geviertelten Paprikaschoten darin vier Minuten bei 600 Watt reingeben, danach unter kaltem Wasser abschrecken und häuten – das geht ganz leicht! Zum Putzen halbieren Sie die Paprika mit einem scharfen Messer, schneiden den grünen Stielansatz heraus und entfernen die weißen Trennhäute mit den bitteren Kernen. Mit Wasser gründlich ausspülen, bis auch der letzte Kern unter der Wölbung verschwunden ist.

Ich schneide die Paprika dann zuerst in breite Streifen, diese in mundgerechte Stücke (Auftritt der Breitmaulfrösche). Ein wenig Olivenöl in den Schmortopf, eine in Ringe geschnittene Schalotte (besondere kleine Zwiebelart) kurz hellgelb rösten, die noch gut feuchten Paprikastücke rein, anrösten, etwas Wasser und ein bisschen körnige Gemüsebrühe hinzu. Etwa 15 Minuten dünsten – Achtung: öfter mal nachsehen, ob noch genug Flüssigkeit drin ist – das brennt sehr schnell an!

Zucchini

Wunderbar einfach – man braucht sie kaum zu putzen. Sie schneiden den Stielansatz ab, waschen sie – und dann werden sie in Scheiben oder Stifte geschnitten. Einfach in Butter eine klein gehackte Schalotte andünsten, Zucchini dazu, vielleicht ein bisschen Wasser, und in 4 bis 6 Minuten sind sie gar!

Zwiebeln und Schalotten

Man häutet die Zwiebel, indem man die papierähnliche Haut entfernt, und wenn sie dunkle Stellen hat, auch noch die erste Zwiebelschale. Dann hält man die Zwiebel zwischen Daumen und Fingern fest und schneidet sie mit einem scharfen kleinen Küchenmesser von oben nach *fast* unten in nebeneinander liegende (Fast-)Scheiben. Das untere Ende der Zwiebel wird nicht durchgeschnitten. Dann dreht man sie um 90 Grad zwischen den Fingern so, dass man jetzt vorsichtig im rechten Winkel dazu in (Fast-)Scheiben schneidet, wieder nicht ganz bis unten durch. Dann legt man die Zwiebel vorsichtig auf die Seite und beginnt von der Spitze aus zum Brettchen nach unten zu schneiden. Bei jedem Schnitt fallen lauter kleine Würfel unter dem Messer hervor.

Drei **Methoden** des **Garens**

Sie können Gemüse *kochen* – das heißt, Sie garen es in relativ viel Flüssigkeit, die das Kochgut bedeckt (und meist gesalzen oder schon eine Brühe ist). Gekocht werden oft: Blumenkohl, Fenchel, Weißkohl. Im Kochwasser sind nach dem Kochen viele Vitamine oder Mineralien, deshalb gießt man es möglichst nicht weg, sondern verwendet es für Suppen und Soßen (wobei bestimmte Gemüse wie z. B. Spargel auch einen recht eigenen Kochwassergeschmack haben, da muss man testen, was einem schmeckt).

Vitamine sind flüchtige Geschöpfe

Schonender – und damit gesünder – ist das *Dünsten* des Gemüses: Man gibt etwas Butter in den Topf, die wird zerlassen, und dann kommt bei geringer Temperatur das klein geschnittene Gemüse hinein. Es dünstet im eigenen Saft – deshalb Deckel drauf und nicht dauernd reinschauen! Höchstens ein wenig Wasser zugeben.

Am gesündesten ist das *Dämpfen* – es ist aber auch langwieriger, wenn das klein geschnittene Gemüse in einem Siebeinsatz in einem Topf über kochendem Wasser schwebt. Ich habe einen Dampfdrucktopf mit Biogar-Stufe, das ist einfach und wunderbar aromatisch.

Fleisch, gebraten und gesotten

Ich glaube kaum, dass Sie Braten oder Hühnchen in Ihrer Bude schmoren werden. Wieso nur fällt mir gerade jetzt die Stelle aus „Excellent Women" von Barbara Pym ein, wo Mildred von

Everard Bone eingeladen wird und sie für ihn Fleisch kochen soll? Sie lehnt zwar die Einladung ab, macht sich darüber aber ihre Gedanken:

Ich hatte Everard nicht sehen wollen, und die Vorstellung, dass ich sein Essen hätte kochen sollen, war mehr, als ich im Moment ertragen konnte. Und doch war der Gedanke an ihn, allein mit seinem Fleisch und einem Kochbuch, auch unerträglich. Er würde das Kapitel „Fleisch" aufschlagen. Er würde lesen, dass Rind oder Hammel soundsoviel Minuten pro Pfund gekocht werden sollten mit soundsoviel Zeitzugabe. Er würde die kleine Keule wiegen, wenn er denn eine Waage besaß. Er würde dann über die Temperatur des Ofens nachgrübeln, ihn anmachen und darüber gebeugt beobachten, wie das Thermometer kletterte ... An diesem Punkt wäre ich fast in Tränen ausgebrochen, wenn ich mich nicht zusammengerissen und daran erinnert hätte, dass Everard Bone eine sehr fähige Person war, deren Leben immer gut arrangiert war. Er wäre der Herausforderung, eine Keule zu kochen, durchaus gewachsen. Männer sind nicht halbwegs so hilflos und pathetisch, wie wir uns das manchmal auszumalen wünschen, und im Ganzen gesehen können sie ihr Leben besser führen als wir das unsere. Vermutlich kannte Everard eine ganze Menge Leute, die er zum Essen einladen konnte und war wahrscheinlich gerade dabei, sie anzurufen.

Barbara Pym, Excellent Women, S. 203, Übersetzung der Autorin

Ökofleisch scheint sicher

Also jemanden einladen, der kocht, oder keinen Braten. Deshalb beschränke ich mich hier auf die Dinge, die schnell gehen. Achten Sie beim Fleischkauf auf die Qualität der Ware – nach den vielen Skandalen der letzten Zeit scheint mir *Ökofleisch* auf der sicheren Seite zu sein, aber selbst hier heißt es: Vertrauen. Ernährungswissenschaftler fordern seit Jahren, weniger tierisches Eiweiß zu sich zu nehmen. Sie können also etwas weniger Fleisch kaufen und so das teurere Ökofleisch bezahlen (wobei ich nach Luft schnappe, wenn die Metzgersfrau mir den Preis für mickrige 300 g Hackfleisch sagt).

Zum *Schnellbraten* von Fleisch brauchen Sie eine gute Pfanne, sie sollte schwer sein und einen glatten Boden haben.

Dann das richtige Fett: Da es sehr stark erhitzt wird, ist Butter nicht geeignet – sie enthält zu viel Wasser und es spritzt. Ich nehme immer Olivenöl (kaltgepresst), es geht aber auch Kokosfett oder Butterschmalz. (Vom Ernährungswert her ist Olivenöl gesünder.) Beim Kurzbraten von Fleisch müssen Sie schnell sein, deshalb alles hinstellen, was Sie brauchen.

Für fixe Jungs

Öl in der Pfanne erhitzen. (Der Anfänger kann die Holzstäbchenprobe machen: wenn sich um das Holzstäbchen, das Sie ins Öl halten, Bläschen bilden, ist die Temperatur richtig.) Sie sollten das Fleisch, wenn es sehr feucht ist, vorher mit Küchenkrepp abtupfen. Ich würze es immer erst nach dem Braten. Ins heiße Fett damit, das darf aber nicht rauchen – dann ist es gesundheitsgefährdend. Je nach Dicke des Fleisches und der Art, wie man es mag – rare, medium oder well-done – wird ein 2 cm dickes Steak von jeder Seite eine Minute gebraten, für medium von jeder Seite drei, für well-done etwa fünf Minuten. Auch das ist eine Erfahrungssache.

Weniger nervenaufreibend ist *Geschnetzeltes,* weil es dabei nicht auf die Minute ankommt. Man kauft z. B. Schweinefilet, Hühnerbrustfilet, Putenfilet (siehe Kapitel Hygiene) oder Kalbfleisch, wäscht und trocknet es, schneidet es in gleichmäßige Scheiben, dann in Streifen (etwa 1 cm Durchmesser). Anschließend im heißen Fett kleinere Portionen anbraten – alles auf einmal gelingt nicht, weil die einzelnen Stücke dann Wasser abgeben und nicht kross werden. Also rausnehmen, auf Küchenkrepp abtropfen lassen, nächste Portion. Das Fleisch warm stellen, dann den Bratensatz in der Pfanne mit Wasser aufkochen – der Boden sollte etwa 3 mm hoch bedeckt sein – dann rühren, bis all das dunkle Gekrissel sich löst. Mit Brühe auffüllen – das ergibt viel Soße – oder nur Crème fraîche dazu (= wenig, aber intensive Soße), etwas Soßenbindemittel dazu, aufkochen, alle Gewürze des Rezepts hinein und abschmecken.

Vom Ochsen kann man kein Kalbfleisch erwarten

Hackfleisch müssen Sie an dem Tag verwenden, an dem es eingekauft wurde. Und bis zur Zubereitung muss es gut gekühlt aufbewahrt werden.

Hühnerbrust oder Putenschnitzel kaufen Sie möglichst frisch vom Bioschlachter. Hier ist Hygiene doppelt wichtig. Deshalb auch das Fleisch gut durchbraten – ich schneide es sicherheitshalber vor dem Servieren quer auf und schaue nach. Rosa heißt: Alarm! Ab in die Pfanne. Auch Hühnerbrust ist in etwa 8 Minuten gar – also 4 bis 5 Minuten pro Seite.

Einfache Dinge, die man aber wissen muss

Eier trennen und **Eischnee** schlagen

Ein schlechtes Ei ruiniert alles

Ich habe es gewusst, ich habe es aber nie gemacht – und jetzt hat es mich erwischt: In allen Kochbüchern steht, dass man ein Ei immer separat in ein Schüsselchen aufschlagen soll, um zu sehen, ob es auch frisch ist – und es dann erst zum Kuchenteig geben soll. Jahrzehntelang ging es gut, als ich mich nicht dran hielt und es immer direkt in den Teig schlug – vorige Woche, igitt, war ein Ei schlecht. Als ich es merkte, war es zu spät und ich musste alles wegschmeißen, die teure, schon weich gerührte Ökobutter mit dem Zucker und den anderen Eiern. Ab jetzt befolge ich den Rat, das können Sie mir glauben!

Sie nehmen das saubere Hühnerei (übrigens kaufe ich nur solche von Ökobauern – wobei ich darauf achte, dass sie bei meinem Biometzger im Kühlregal und nicht auf dem sommerlich heißen Markt bei Schmuddel schon vier Stunden in der Sonne stehen), halten es über den hohen Rührbecher, in dem Sie Eiweiß schlagen wollen und schlagen vorsichtig, aber kräftig die Eierschale so entzwei, dass Sie $^2/_3$ der Schale in der einen Hand, $^1/_3$ in der anderen halten. Das Messer, dass Sie dazu benutzen, muss fettfrei sein, genauso der Rührbecher, sonst wird das Eiweiß nicht fest. Jetzt setzen Sie den kleineren Teil der Schale wie einen Deckel gegen den größeren und lassen das Eiweiß in den Rührbecher laufen – so lange, bis Sie nur noch das Eigelb in der Schale haben. Das Eigelb geben Sie in ein anderes Schälchen.

Mit den Rührquirlen des Handmixers schlagen Sie dann zuerst auf kleiner Stufe das Eiweiß etwas auf, dann geben Sie Gas. Durch die Luft wird das Eiweiß natürlich „viel mehr". Es ist fertig, wenn man mit den Quirlen kleine Spitzen damit hochziehen kann (bzw. einen Messerschnitt im Eiweiß sehen könnte = schnittfest). Machen Sie den Eierschnee immer erst *kurz vor dem Gebrauch* – er fällt relativ rasch wieder in sich zusammen.

Rührei

Einfach den ganzen Inhalt von 2 bis 3 Eiern (für eine Person) in einen Rührbecher geben, für jedes Ei 1/2 Eierschale voll Milch oder Sahne dazu, etwas Salz, nach Geschmack Pfeffer. Kurz gut durchrühren mit dem Handmixer oder einer Gabel, die Flüssigkeit dann in eine erhitzte Pfanne geben, in der Sie etwas Butter geschmolzen haben. Sie lassen das Ganze bei mäßiger Hitze etwas fest werden (das heißt in der Fachsprache: „stocken") und schieben es dann mit einem Pfannenwender an den Rand, bis sich nach ein paar mal Schieben große Eiernocken gebildet haben. Dann auf den Teller, etwas gehackter Schnittlauch oder Petersilie darüber, Brot dazu, fertig!

Frühstücksei

Sie haben vergessen, wann Sie das Ei gekauft haben, das da in Ihrem Kühlschrank liegt? Nehmen Sie ein großes gefülltes Wasserglas und geben Sie das Ei vorsichtig hinein. Wenn es auf dem Boden liegen bleibt, ist es noch ganz frisch – und Sie sollten etwas für Ihr Gedächtnis tun (denn dann kann der Kauf ja noch nicht lange her sein). Wenn das dicke Ende des Eis sich nach oben hebt, ist es etwa eine Woche alt. Steht es senkrecht im Glas: Weg damit, denn dann ist es mindestens zwei bis drei Wochen alt.

Wenn Sie das frische Ei nun kochen möchten, können Sie das im Eierkocher machen (spart Energie) oder auf dem Herd. Hier kochen Sie Wasser auf – man spricht von „leise" kochen, lassen das Ei, dass Sie mit dem Eierpiekser am stumpfen Ende angestochen haben, vorsichtig hineingleiten und kochen es zwischen 4 1/2 bis 5 1/2 Minuten (wenn's aus dem kalten Kühlschrank kam und man Eier mag, deren Dotter noch herrlich weich ist – sonst eben etwas länger.)

Spiegelei

Das ist Ihnen zu doof? Spiegelei können Sie schon selbst? Seien Sie stolz auf sich. Für alle, die nicht den Kochkurs für Jugendliche in der Familienbildungsstätte besucht haben, hier die Prozedur: Butter in die nicht zu heiße Teflonpfanne geben (wenn Sie ungeduldig die Flamme zu hoch drehen, wird die Butter schnell zu braun). Beim Spiegelei ist es wie im Leben: Auch um verstockt zu werden, braucht man Zeit. Lieben Sie Ihr Spiegelei amerikanisch – sunny side up? Wenn nicht, müssen Sie vielleicht ein paar Mal üben, bis es Ihnen gelingt, das Spiegelei mit dem Bratenwender umzudrehen, ohne es kaputt zu machen.

Heiße **Würstchen**

Wenn bei der Klassenfahrt im Zug der Kellner der Bundesbahn mit seinem Bauchladen über die Gänge kam und „Heiße Würstchen!" rief, stand bestimmt ein Scherzbold auf – im Zweifelsfall Hansi Hartmann – verneigte sich und sagte feierlich „Heiße Hartmann". Heute, im Zeitalter von Kalkofe und Stefan Raab, sind die Scherze natürlich viel subtiler.

Die Würstchen dürfen auf keinen Fall kochen, sondern sie müssen auf kleiner Flamme etwa acht Minuten ziehen. Ist das Wasser zu heiß, platzen sie nämlich!

Reis

Ich nehme immer Basmati-Reis zum Kochen, weil der so herrlich duftet. Und der von Uncle Bens ist auch sehr fix fertig (nach etwa 15 Minuten), das ist ein weiteres Plus.

Meist mache ich eine etwas größere Menge, weil man übrig gebliebenen gekochten Reis auch prima mit einer gewürfelten Zwiebel und darüber gegossenem verklepperten Ei und etwas Sojasoße braten kann.

*Zubereitung für Reis (**Pilaw-Methode** für zwei Personen):*

1. Eine Tasse Basmatireis mit einem Esslöffel Öl oder Butter bei schwacher Hitze anbraten, bis die Körner weißlich werden.
2. Zwei Tassen kochendes (!) Salzwasser hinzufügen.
3. Bei geschlossenem Deckel auf kleiner Flamme 10 Minuten köcheln lassen, bis das Wasser vollständig aufgenommen ist.

Nudeln

Die Zubereitung von Nudeln steht auf der Packung – achten Sie nur darauf, dass Sie Hartweizennudeln kaufen (also ohne Ei). Am gesündesten sind die Vollkornnudeln, aber die mögen viele nicht (nicht mal die Wildschweine in unserem kleinen Zoo – dabei sind sie süchtig nach ungekochten Spaghetti!). Und nehmen Sie

einen wirklich großen Topf mit viel Wasser – die Nudeln müssen schwimmen können, optimal ist 1 Liter Wasser für 100 g Nudeln. Für 3 bis 4 Personen brauchen Sie 500 g.

Oft wird empfohlen, zwei Löffel *Olivenöl* in das Wasser zu geben, dann kleben die Nudeln nicht zusammen. Ich habe aber von einer Italienerin gesagt bekommen, dass die leichte „Pappigkeit" der Nudeln gewünscht ist, weil dann die Soße besser haftet (das erinnert mich an den Reis der Chinesen – der muss klumpen, sonst ist er nicht gut). Entscheiden Sie die Ölfrage für sich selbst.

Wenn Sie die Nudeln ins kochende Wasser gekippt haben (in das Sie vorher Salz getan haben, etwa 10 Gramm pro Liter), müssen Sie sie zwei- bis dreimal umrühren, sonst kleben sie am Topfboden fest oder verklumpen. Und die Kochzeit von „8 minuti" berechnet sich ab dem Moment, wenn das Wasser wieder kocht, nachdem Sie die Nudeln reingetan haben – das kann ohne Deckel bis zu fünf Minuten dauern, also bleiben Sie in der Küche!

Nudeln sind Seelentröster

Sagt Ihnen der Küchenwecker, dass die Nudeln gar sind, probieren Sie eine – bissfest mag ich sie am liebsten, andere bevorzugen Matschnudeln. Vorsichtig in ein großes Sieb abgießen – wirklich abtropfen lassen (sonst wird die Soße dünn!), wieder zurück in den Topf (Sie können ein bisschen Olivenöl erwärmen und die Nudeln darin schwenken, müssen es aber nicht). Ich liebe es, wenn mein Garten von frischem Oregano überquillt, eine Hand voll dieser gehackten Kräuter darunter zu mischen – aber auch das ist nur eine Option.

Soßen selber machen

Nudeln pur schmecken auf Dauer etwas fad – deshalb hier ein gutes Rezept von *Nigel Slater* aus *„Real Fast Food"* für eine schnelle Tomatensoße (für 3 bis 4 Personen):

Schnelle **Tomatensoße**

Eine große Zwiebel (oder zwei kleine) schälen und würfeln. Diese in einem Topf mit einem großzügigen Klecks Butter auf kleiner Hitze (und mit Deckel auf dem Topf) andünsten, bis sie weich ist (Fachausdruck: „glasig"). Öffnen Sie eine große Dose geschälter Tomaten und kippen Sie sie mit dem Saft in den Topf (langsam, sonst spritzt es und gibt eine Riesensauerei!). Das kochen Sie dann ohne Deckel sanft etwa 10 Minuten (so lange brauchen meist auch die Nudeln nach dem Aufkochen) und geben Sie etwas Salz zum Würzen hinzu. Dann etwas schwarzen Pfeffer darüber mahlen, noch mal ein Klecks Butter dran – und sofort servieren!

Ich variiere das etwas, weil manche die Soße gern etwas dicker haben: Zum Schluss rühre ich – oh Horror jeden Küchenchefs! – etwas hellen Instant-Soßenbinder drunter. Und gebe ein paar großzügig zerrissene Blättchen Basilikum hinzu, wenn ich gerade welchen im Topf auf der Fensterbank habe – sie duften so toll!

Sauce **Bologanese**

Wollen Sie **Sauce Bolognese** kochen, machen Sie Folgendes:

100 g fein gewürfeltes Dörrfleisch (in Norddeutschland geräucherter Speck, im Nobelladen Panchetta)
1 kleine Zwiebel, fein gehackt
1 klein gewürfelte Möhre
1 EL Butter und 1 EL Olivenöl
300 g Hackfleisch
1 Lorbeerblatt
100 ml Rotwein
200 ml Brühe (Würfel)
1 große Dose geschälte Tomaten
Salz, Pfeffer

Butter mit Olivenöl in der Pfanne erhitzen, den Speck leicht anbraten (aber nicht braun!), Zwiebel, Möhre, Lorbeerblatt und Hackfleisch zugeben und anbraten. Nun etwas Rotwein hinzu, diesen fast verdampfen lassen. Dann etwas Fleischbrühe dazu, alles auf die Hälfte einkochen lassen. Jetzt kippen Sie die Tomaten rein, würzen mit Salz und Pfeffer und lassen das Ganze auf kleiner Flamme gründlich vor sich hinköcheln – bis zu einer Stunde (öfter mal umrühren!).

Helle **Soße**

Und, für alle Fälle, weil ja schon des Öfteren erwähnt, die *helle Grundsoße* (für 4 Portionen):

40 g Butter
40 g Mehl
1/2 l kaltes Wasser oder Milch – dann haben Sie Béchamelsoße
1/4 Teelöffel Salz

Die Butter im Topf langsam schmelzen, dann das Mehl auf einmal hineinschütten. Nun schnell rühren – alles bei kleiner Flamme! Langsam wird das Mehl, das sich mit dem Fett verbunden hat, hellgelb. Immer weiterrühren! Jetzt ein bisschen kaltes Wasser zugeben, weiterrühren, wieder etwas Wasser dazu, bis man eine Art Teig hat. Das Wasser muss immer in kleinen Portionen dazu gegeben werden und immer erst eingearbeitet sein, ehe man neues hinzu gibt – sonst entstehen Klümpchen! Ist alles Wasser aufgebraucht, das Ganze aufkochen lassen auf groß gestellter Flamme, salzen, Hitze runterdrehen, unter Rühren 10 Minuten köcheln lassen.

Aus dieser „hellen Grundsoße" kann man durch Zugabe von Senf, Kräutern, Käse etc. dann andere Soßen kochen.

Salat**soßen**

Zugegeben – es gibt eine ganze Menge Salatsoßen, die auch fertig gekauft aus der Glasflasche ganz lecker schmecken. Salatsoße auf „norddeutsche Art" angemacht, nämlich süß mit Zitrone, Zucker und süßer Sahne, war übrigens eins der ganz wenigen Dinge, die mein Mann sich zu essen weigerte (dabei hatte ich ihn mit der Steigerungsvariante, nämlich rohes verkleppertes Ei plus Zitrone und Zucker, nie belästigt). Und ich schwärme trotzig auch heute noch von einer köstlichen Riesenschüssel voll Kopfsalat, wie sie mir in Düren, einer kleinen nordrhein-westfälischen Stadt serviert wurde: Schlagsahne mit Zucker und Zitrone und darin die Kopfsalatstücke. Salatsoße „richtig" zu machen mit Öl und Essig, aber den besten erhältlichen Sorten, das lernte ich erst in Mainz. Wenn

Fertigsoßen helfen, dass mehr Salat gegessen wird: prima. Man kann die Soßen aber auch einfach selbst machen:

Reiben Sie die Salatschüssel mit etwas Knoblauch aus. Dann geben Sie *Zitronensaft* (falls Sie Essig nehmen: wie ein Geizhals!) in die Schüssel, lösen darin Salz, etwas *Zucker* und ein bisschen *Senf* auf und rühren dann Öl (wie ein Verschwender!) darunter, immer im Verhältnis 1:3, also ein Esslöffel Essig zu drei Esslöffel Öl. Gutes Öl ist wichtig. Dass es jetzt richtige Kultläden für Öl und Essig gibt, stört mich nicht, aber ich gerate auch nicht in Ekstase über Traubenkernöl und Himbeeressig.

Die Soße rühren, bis sie ein bisschen sämig (= dicklich) wird. Abschmecken, etwas frisch gemahlenen Pfeffer zufügen. Man kann wirtschaftlich arbeiten und gleich eine größere Menge Salatsoße herstellen, die man dann in einer zugeschraubten Glasflasche im Kühlschrank aufhebt.

An die Salatsoße in der Schüssel können Sie jetzt frisch gehackte Kräuter geben: Ich liebe Zitronenmelisse, Schnittlauch, Petersilie. Pfefferminz ist mir ein bisschen zu stark – wenn ich sie nehme, dann wirklich nur ein Hauch.

Damit schinden Sie Eindruck: **Superrezepte**

Minestrone, wie Sie sie noch nie gegessen haben

Für alle diejenigen, die ein bisschen Zeit haben, sich beruhigen wollen durch Gemüseschnippeln – oder auf dem Zen-Weg sind – und vor allem: für Genießer.

Reicht für 10 Personen

4 EL Olivenöl
5 mittelgroße Möhren
3 mittelgroße rote Zwiebeln, geschält und in grobe Stücke zerschnitten
2 Knollen Sellerie (noch besser: 2 Bund Staudensellerie)
2 Zehen Knoblauch
2 große Hand voll Spinat, gründlichst mehrfach gewaschen, von Stielen befreit und grob gehackt
1 Bund Petersilie, von Stielen befreit und fein gehackt

1 große Dose Tomaten
2–3 kleine Zucchini, in Scheiben geschnitten
250 g weiße Bohnen im Glas
1 l Gemüsebrühe (Würfel) oder echte Hühnerbrühe
Salz und frisch gemahlener Pfeffer
frisch geriebener Parmesan
Sie brauchen auch einen Mixer oder Pürierstab

Im großen Topf Olivenöl erhitzen, Möhren, Zwiebeln und Sellerie auf kleiner Flamme anrösten, bis sie leicht dunkel werden (das dauert ziemlich lange, und ich gebe das Gemüse während des Schnippelns nach und nach hinein, öfter umrühren). Dann Knoblauch und die Hälfte der Petersilie dazu, weiterkochen lassen, die Tomaten aus der Dose nehmen, Saft in der Dose lassen, Tomaten grob hacken. Dazugeben und noch mal 10 Minuten köcheln lassen. Dann die Hälfte des Spinats und die Hälfte der im Sieb abgespülten weißen Bohnen dazu, anschließend die Brühe. Aufkochen lassen, Hitze etwas runterdrehen und 30 Minuten simmern lassen. Die Suppe nicht verwässern: Sie soll dick sein!

Beim Gemüseschnippeln ist Ausdauer gefragt

Dann restlichen Spinat und Petersilie dazugeben, mit Salz und Pfeffer abschmecken. Den Rest Bohnen im Mixer mit dem Tomatensaft aus der Dose pürieren, zur Suppe tun.

Man serviert mit Parmesan und Stangenweißbrot – und ich garantiere Ihnen: Jeder wischt auch noch das letzte Tröpfchen mit dem Brot vom Teller!

Pizza Margherita

1 Päckchen Trockenhefe (7 g)
500 g Mehl
150 g Mozzarella, in Scheiben geschnitten
150 g Reibkäse
500 g Tomaten, in Achtel geschnitten
(nach dem Waschen)
1 EL frischer Oregano (notfalls auch getrocknet)
4 EL kaltgepresstes Olivenöl

Für 4 bis 6 Personen

Vermischen Sie das Mehl mit der Trockenhefe. Ich mache Hefeteig immer in einer wunderbaren großen Plastikschüssel, die mit einem Deckel zu verschließen ist (fragen Sie im Haushaltsgeschäft danach). Seit ich diese Schüssel habe, gelingt mir Hefeteig.

Meine Großmutter hat herrliche Bleche Hefekuchen gemacht, und mir einen Tipp gegeben: „Wenn du mal wütend bist, Brigitta", sagte sie mir, „dann mach einen Hefeteig: Der wird um so besser, je mehr du ihn mit aller Kraft bearbeitest und auf ihn einschlägst!"

Sie geben zu Ihrer Mehl/Hefe-Mischung nach und nach knapp $^1/_4$ l lauwarmes Wasser hinzu (nicht ein großer Schwupps – dann haben Sie einen klebrigen Mehlkloß! Es kommt wirklich auf das vorsichtige Dosieren an), rühren mit den Teigrührern Ihres Handquirls, bis Sie einen glatten Teig haben. Und den kneten Sie ausgiebig, oder hauen auch ein bisschen auf ihn ein – siehe oben.

Hefeteig soll sich aufblähen

Jetzt heizen Sie den Backofen auf 230 °C vor, und lassen den Hefeteig in dieser Zeit „ gehen". Dafür reibe ich die Hefeschüssel, wenn der Teig fertig ist und ich ihn mal eben kurz rausgenommen habe, dünn mit Olivenöl aus und rolle die *Teigkugel* einmal an den Wänden lang – sodass sie hauchdünn mit Öl überzogen ist. Dann streue ich etwas Mehl auf die Kugel, mache den Deckel auf der Schüssel fest zu und schaue nach etwa 20 Minuten wieder hinein: Die Kugel ist zu einem riesigen Ball aufgebläht, was ich zufrieden zur Kenntnis nehme. Jetzt knete ich den Teig noch einmal durch. Falls er klebt: etwas Mehl dazu. Ich ziehe ihn auf dem (vorher gesäuberten) Tisch, den ich dünn mit Mehl bestreut habe, zu einer 1 cm dicken Platte aus. Dazu nehme ich meinen schweren Marmorteigroller, mit Mehl bestäubt – ohne Mehl bleibt alles dran hängen und zerreißt. Dann nehme ich das Backblech, schneide mir ein passendes Stück Backpapier zurecht und lege die Teigplatte auf das Blech. Die Ecken rolle ich mit einem äußerst praktischen kleinen Teigroller noch aus. Dann belege ich den Teig dicht mit Tomatenachteln und Mozzarella, bestreue ihn mit Oreganoblättern, dann den Reibkäse verteilen und mit dem Olivenöl beträufeln (manchmal nehme ich etwas weniger als vier Esslöffel).

Das Backen dauert dann etwa 15 Minuten: Die Teigränder und der Käse sollen leicht gebräunt sein. Nach dem Servieren etwas Salz darüber – ein leckerer Salat dazu: köstlich!

Wiener Schnitzel

Für 1 Person

1 (Kalbs-)Schnitzel
Mehl
1 Ei
Paniermehl
ordentlich Schmalz oder anderes Fett

Das Schnitzel beim Fleischer *schön flach* klopfen lassen (1/2 bis 1 cm dick).

Sie brauchen drei Teller: Auf einen kommt das zerklepperte Ei, auf einen das Mehl, auf den dritten das Paniermehl. Das Schnitzel wird gesalzen, dann zuerst in Mehl gewendet, anschließend im Ei umgedreht, kurz abtropfen lassen und im Paniermehl gewendet. In einer großen Pfanne das Schmalz erhitzen und das Schnitzel auf jeder Seite zwei Minuten backen. Dann aus der Pfanne nehmen und das Fett auf Küchenkrepp abtropfen lassen. Fertig.

Saltim Bocca

Für 3 bis 4 Personen

4 sehr dünne, ziemlich lange Kalbsschnitzel
(Ich sage den ungläubig schauenden Metzgern: „Rouladenstärke".) Es geht auch mit Schwein
4 Scheiben Parmaschinken, so lang wie die Schnitzel
Salz, Pfeffer, 2 El Mehl
Frische Salbeiblätter, etwa 12, aus dem Küchenfenstertopf
4 EL Marsala
Olivenöl
12 Holzspießchen (Zahnstocher)

Die Schnitzel je in 2 bis 3 Stückchen schneiden, ebenso den Schinken. Fleisch beidseitig ganz leicht salzen und pfeffern, in Mehl wenden, auf jedes Stück ein Salbeiblatt und darauf eine

Schinkenscheibe legen, mit Spießchen feststecken. Die Schnitzel in der Pfanne in heißem Olivenöl goldbraun braten und auf einen vorgewärmten Teller legen. Bratenfonds mit Marsala loskochen (also einfach reinkippen, aufkochen und dabei etwas rühren), und die Schnitzel mit der Soße beträufeln. Simpel, aber ultra-köstlich!

Pommes Anna

Für
4 Personen
als Beilage

75 g Butter (im französischen Rezept stehen 150 g, aber die Hälfte reicht auch)
750 g fest kochende Kartoffeln
Salz

Den Backofen auf 200 °C vorheizen. Die Butter in einem Topf bei milder (!) Hitze erwärmen, bis sie flüssig ist. (Sie müssten jetzt die Butter klären, aber das ist zu umständlich – es geht auch so). Einen Augenblick abkühlen lassen.

Kartoffeln schälen, waschen, trockentupfen. In 3 mm dicke Scheiben schneiden. Eine flache *Auflaufform* mit Butter ausfetten und die Kartoffelscheiben wie Dachziegel übereinander schichten. Jede Schicht mit Salz würzen und mit etwas Butter beträufeln. Dann mit Alufolie abdecken und 1 Stunde backen. Bei Zimmertemperatur 5 Minuten stehen lassen, sofort servieren.

Hasselback Potatoes

Dieses Rezept habe ich aus dem „SHE-Cookbook" von Richard Ehrlich, der es von Alistair Little hat, der es aus einem Stockholmer Restaurant hat …

Für
2 Portionen

4 große Kartoffeln, von denen jede etwa 350 g wiegt
100 ml extra Virgin Olivenöl
grobes Salz
Zubereitungszeit: 15 Minuten
Kochzeit: 50–60 Minuten

Heizen Sie den Backofen auf 200 °C vor. Schälen Sie die Kartoffeln und legen Sie sie anschließend in kaltes Wasser – sonst werden sie bräunlich. Wenn alle geschält sind, gießen Sie das Wasser ab und halbieren die Kartoffeln längs.

Legen Sie sie auf ein Küchenbrett – mit der flachen Seite nach unten, und machen mit einem scharfen Messer eine Reihe von Schnitten im Abstand von 1,5 cm hinein. Allerdings schneiden Sie nur bis zur Hälfte der Kartoffel ein, also nicht ganz durch: Die Kartoffel soll unten zusammenhängend bleiben! Jede Kartoffelhälfte nach dem Einschneiden wieder in die Wasserschüssel geben.

Wenn alle Kartoffeln fertig sind, abgießen, sehr gut trockentupfen und sie mit der flachen Seite nach unten auf ein leicht eingeöltes Backblech legen. Bepinseln Sie die Kartoffeln mit Öl, streuen ein bisschen grobes Salz drüber und backen sie 50 bis 60 Minuten, bis sie innen schön weich und außen gut gebräunt sind. Alle 15 Minuten Öl nachpinseln. Die Kartoffeln öffnen sich beim Backen ein bisschen und werden so noch knuspriger.

Ratatouille auf etwas andere Art

Dies ist ein tolles Rezept von einer englischen Bekannten: Das Gemüse schmeckt viel intensiver als die übliche Matschratatouille, die ja meist in einer eher suppenähnlichen Konsistenz daherkommt.

500 g Tomaten, möglichst klein
(am besten Cocktailtomaten)
1 kleine Aubergine
2 mittelgroße Zucchini
1 mittelgroße rote Paprika (gewaschen, Kerne entfernen, in kleinere Rechtecke schneiden)
1 mittelgroße gelbe Paprika, genauso vorbereitet
2 dicke Zehen Knoblauch, geschält und fein gehackt
1 mittelgroße Zwiebel, auch geschält und klein gehackt
3 EL Olivenöl
1 Hand voll Basilikumblätter
Salz und gemahlener schwarzer Pfeffer

Reicht für 3 Personen (+ Beilage)

Heizen Sie den Backofen auf höchster Stufe vor. Zucchini und Aubergine werden in gröbere Würfel geschnitten (d. h. zuerst Scheiben, dann diese in Streifen, diese wiederum in Würfel. Da die Würfel 2½ cm groß sein sollen, legen Sie sich ein Lineal zurecht – nein, kleiner Scherz. Nicht die Kantenlänge, aber das Lineal).

Legen Sie das Gemüse auf ein Backblech, streuen Sie den Knoblauch darüber (wenn Sie am nächsten Tag ein wichtiges Vorstellungsgespräch haben, machen Sie lieber Grießbrei). Reißen Sie die Basilikumblätter in gröbere Stücke (nicht schneiden!), streuen Sie sie auch darüber, dann träufeln Sie das Öl über das Gemüse. Zum Schluss mit Salz und Pfeffer würzen. Auf der höchsten Schiene des Backofens einschieben und etwa 30 Minuten backen. Das Gemüse sollte am Rand leicht gebräunt sein. Rausholen (Schutzhandschuhe nicht vergessen!) und sofort servieren.

Gefülltes **Stangenweißbrot**

Das haben wir in der Studentenzeit oft gegessen, mit Gästen zusammen zum Wein, und ich weiß, dass junge Leute auch heute noch davon schwärmen.

Reicht für 2 bis 3 Personen

1 Stangenweißbrot (Baguette)
250 g Goudakäse im Stück
3 Tomaten
1 große grüne Paprikaschote
125 g weiche Butter (mal testen, ich glaube, ich brauche weniger)
2 Knoblauchzehen
½ TL Salz
Zitronensaft

Ofen vorheizen auf Mittelhitze. Das Weißbrot schräg in Scheiben schneiden, aber nicht ganz durch, so dass die Scheiben unten noch zusammenhängen!

Den Käse in kleine, etwa ½ Zentimeter dicke Scheiben schneiden, die Tomaten in dicke Scheiben, die Paprika in

Streifen. Die Butter mit einer Gabel schaumig rühren, zerdrückte Knoblauchzehen und Zitronensaft dazu, salzen. Mit der Knoblauchbutter die Scheiben bestreichen, das ist ein bisschen mühevoll, so dazwischen zu kommen. Dann abwechselnd Käse, Tomatenscheibe, Paprikastreifen zwischen die Brotscheiben stecken (das Brot beult sich dann ein bisschen, passen Sie auf, dass es nicht bricht).

Im Backofen etwa 15 Minuten überbacken – der Käse soll anfangen zu zerlaufen.

Mousse au chocolat

Heiß begehrter Beitrag zu einer Partyeinladung! Achten Sie darauf, wirklich frische Eier zu bekommen!

200 g herbe Schokolade mit ca. 70 % Kakao
2 TL Espresso-Pulverkaffee
5 El Wasser
5 Eier
4 EL Vanillezucker
125 g Schlagsahne

Für 5 bis 6 Portionen

Zuerst schmelzen Sie die Schokolade – zusammen mit dem Wasser und dem Kaffeepulver – auf ganz kleiner Flamme, und rühren dabei um! Dann vom Herd stellen und leicht abkühlen lassen.

Anschließend trennen Sie die Eier und schlagen das Eiweiß zu steifem Schnee. In einer großen Schüssel verrühren Sie das Eigelb mit dem Vanillezucker. In einem anderen Behälter wird die Sahne steif geschlagen. Danach rühren Sie die ziemlich abgekühlte flüssige Schokolade mit dem Schneebesen vorsichtig unter das Eigelb. Nun die Schlagsahne und dann das Eiweiß darunter ziehen – fertig! Am appetitlichsten sieht es aus, wenn man für jeden einzeln ein Schälchen mit der Mousse füllt, die Schalen kommen in den Kühlschrank (mit Klarsichtfolie bedeckt – sonst schmeckt die Mousse plötzlich nach den sauren Gurken, die Sie daneben stehen haben.) Die Mousse gehört für mindestens zwei, aber höchstens 24 Stunden in den Kühlschrank. Gekühlt servieren!

Hauptsache gesund!

Von Notfällen und allerlei Heilmitteln

Erste Hilfe

Spätestens bei der Führerscheinvorbereitung haben oder werden Sie etwas über erste Hilfe erfahren. Auch wenn man mit dem Thema nicht gern zu tun hat – es lohnt sich, das Wissen öfter mal aufzufrischen.

Für den Notfall ist es sinnvoll, auf einer Karteikarte alle wichtigen Telefonnummern zu haben – legen Sie sie neben das Telefon und hängen Sie eine zweite Karte an die Pinnwand – denn wenn Sie einen echtenNotfall haben, möchten Sie keine Nummern von der Telefon-CD-ROM Ihres Computers raussuchen. Auf dieser *Karteikarte* notieren Sie die Telefonnummern von

- Polizei und Feuerwehr,
- Rettungsdienst (Johanniter, Rotes Kreuz),
- Vergiftungszentrale,
- Krankenhaus-Notaufnahme,
- Hausarzt (Praxis und privat),
- Zahnarzt (Praxis und privat),
- Taxi.

Ein Notdienstkalender der Apotheken (gibt es dort kostenlos) gehört ebenso an die Pinnwand wie ein Stadtplan. Achten Sie darauf, die Nummern ab und zu auf ihre Aktualität hin zu überprüfen.

Impfpass auf dem Laufenden halten

Halten Sie Ihren Impfpass auf dem Laufenden (ich denke an das Theater, das ein Allgemeinmediziner machte, weil ich einen Impftermin viele Jahre vorher selbst eingetragen hatte. Ich musste den Kinderarzt anrufen, dessen Assistentin den entsprechenden Beleg zum Glück fand – erst dann konnte die geforderte Bescheinigung für die USA ausgestellt werden).

Notieren Sie auf der Rückseite der oben beschriebenen Notfallkarte wichtige Gesundheitsdaten wie: letztes Impfdatum gegen Tetanus (weil ich meins nicht mehr wusste und mich nach einer bösen Rosenverletzung vorsorglich – aber zu früh – wieder impfen ließ, schwoll mein Oberschenkel allergisch für viele Tage auf den doppelten Umfang an …), Diphtherie, Masern, Polio und Sonstiges. Außerdem: Blutgruppe, Rhesusfaktor. Dazu chronische Erkrankungen wie Asthma, Allergien gegen Medikamente, Insekten oder Nahrungsmittel, außerdem, ob Sie ständig bestimmte Medikamente einnehmen.

Dr. Sommerfeld empfiehlt:

Die Hausapotheke

Eine kleine Hausapotheke sollten Sie haben – selbst wenn Sie nur einen weißen Schuhkarton nehmen und ein rotes Kreuz draufmalen, damit Sie ihn in einer hektischen Situation gleich wiederfinden.

Das Badezimmer, in dem so gern ein Hausapothekenschränkchen aufgehängt wird, ist nicht der richtige Ort zur Aufbewahrung – Medikamente sollten nämlich weder heiß noch feucht gelagert werden. Also suchen Sie einen besseren Platz. Und denken Sie dran: Auch Medikamente können alt – und damit im harmlosesten Fall unwirksam, schlimmstenfalls aber schädlich – werden, achten Sie deshalb auf das *Verfallsdatum*. Im Zweifelsfall fragen Sie in einer Apotheke nach – die können bei geheimnisvollen Nummern auf dem Medikament nämlich im Computer nachsehen, von wann es ist.

Gebrauchsanweisungen aufheben

Heben Sie immer die *Umverpackung* und vor allem die *Gebrauchsanweisung* auf – natürlich wissen Sie im Moment, dass Sie das Hustengebräu zweimal täglich einnehmen sollen –, aber in einem halben Jahr wissen Sie vielleicht nicht mehr, ob es ein Tee- oder ein Esslöffel sein soll. Außerdem kann man dort nachlesen, womit man sich da vergiftet – haha, kleiner Scherz –, aber die lange Auflistung der Nebenwirkungen vermittelt einem schon manchmal diesen Eindruck …

Wichtig ist aber auch, dass Sie nachlesen können, womit sich dieses Mittel auf keinen Fall verträgt. Also studieren Sie den Beipackzettel bitte aufmerksam!

Und was gehört nun mindestens in eine Hausapotheke?

- 1 Rolle **Heftpflaster,**
- **Verbandswatte,**
- **Verbandsmull,**

- **Mullbinden,** 4, 6 und 8 cm breit,
- steriler **Wundverband** (Diese Tupfer sind in einer Tüte verpackt – kommen Sie ja nicht auf die Idee und legen Watte auf eine blutende Wunde: Sie würde mit der Wunde verkleben.),
- **Pflaster** in verschiedenen Breiten (ich bevorzuge Sensitiv-Pflaster, weil der Kleber hautverträglicher ist),
- **Fieberzäpfchen** oder fiebersenkende Tabletten wie Paracetamol, die helfen auch bei Schmerzen,
- **Neoballistol** fürs Gurgeln bei Halsweh (Halswehtabletten holen Sie sich dann bei Bedarf jeweils neu),
- **Pinimentolsalbe** zum Einreiben der Brust, wenn Sie bei Husten nachts schlecht Luft bekommen,
- falls Sie **Allergien** haben: Mittel dagegen,
- **Arnika** für Kompressen oder als Salbe gegen Blutergüsse,
- **Bepanthen** Wund- und Heilsalbe,
- **Uzara** oder ein anderes Mittel gegen Durchfall,
- **Einmalhandschuhe,**
- **Fieberthermometer,**
- **Pinzette** und Sicherheitsnadeln (für Verbände),
- 70 %iger Alkohol zur **Desinfektion,**
- **Augentropfen** (möglichst einzeln in kleinen Ampullen verpackt, wie Berberil).

Sonnenschutz für Medikamente

Für eine *Reiseapotheke* nehmen Sie kleinere Mengen dieser Vorräte mit und Medikamente, die Sie aktuell benötigen. Ich packe wärmeempfindliche Medikamente in Alufolie ein – so überstehen sie auch eine Fahrt im heißen Kofferraum nach Spanien.

Im Zweifelsfall fragen Sie Ihren Arzt ...

Bewährte „Wundermittel"

Wobei ich ausdrücklich darauf hinweise, dass man bei allen Erkrankungen, die länger als zwei Tage dauern oder mit hohem Fieber verbunden sind, immer den Arzt aufsuchen sollte!

Bei einer **Halsentzündung** gurgeln Sie mit 1 bis 2 Teelöffeln „Neoballistol" auf 1/2 Glas lauwarmes Wasser – okay, der Gedanke, dass es eigentlich ein Gewehröl war, und der merkwürdige Geschmack beim Gurgeln machen es nicht leichter: Aber es hilft!

Bei **Durchfall** sind „Uzara"- Dragees wirklich hilfreich, sie sind rein pflanzlich (für die schneller wirkende, absolut fies schmeckende Tropftinktur bin ich nie krank genug).

Bei **Übelkeit/Brechreiz**: Was haben Sie gegessen? Getrunken? Manchmal hilft „Nux vomica D4", halbstündlich fünf Tropfen auf die Zunge geben. Wenn Sie spucken und spucken (was per se auch erst mal eine Erste-Hilfe-Maßnahme Ihres Körpers und damit nicht nur schlecht ist), dann können Sie „Vomex"-Zäpfchen aus der Apotheke nehmen.

Wenn man sich lange erbrochen hat, kann der Elektrolyt-Haushalt des Körpers durcheinander sein – es gibt (eigentlich für Kleinkinder) Elektrolyt-Tabletten, die man in Wasser auflöst und die hauptsächlich Zucker und Salz enthalten. Mit der Ernährung sollte man wieder sehr sachte anfangen („ein bisschen Taube, ein bisschen Franzbranntwein" – nein, das war das Standardrezept des Hausarztes bei den Buddenbrooks – ich wollte sagen: ein bisschen Zwieback, ein bisschen Kamillentee – aber das wird Ihnen Ihr Magen schon selbst signalisieren … oft reicht das Wort „Essen" allein aus, und man rast schon wieder zur Toilette).

Bei **Verstopfung** hüten Sie sich vor dem vorschnellen Einnehmen von Abführmitteln! Sie können schnell zur Gewohnheit werden und sind keinesfalls harmlos. Schauen Sie sich lieber Ihre Ernährung an: Bestimmte Nahrungsmittel (Schokolade) stopfen; mit einer ballaststoffreichen Kost (Vollkornbrot, Gemüse, Obst – aber keine Kleie) können Sie dem Übel gesund abhelfen. Wichtig ist hier auch ein bestimmter Rhythmus – morgens gleich nach dem Aufstehen – dann etwas Geduld, aber der Darm lässt sich „erziehen". Und für Notfälle hilft geschroteter Leinsamen (dazu viel Trinken).

Sie sollten nicht alles schlucken

Mundschleimhautentzündungen sind oft, aber nicht immer ein Ernährungsproblem. Wir haben deswegen mit Biokost angefangen: Besonders der normale Schwarztee und Grapefruit (gespritzt) führten zu den sehr schmerzenden Aphten im Mund. Als wir das umgestellt hatten, war Ruhe. Ich habe aber gelesen, dass auch Stress dazu führen kann.

„Sinfrontal" bei einer **Nebenhöhlenentzündung** – aber gehen Sie bitte erst zum Arzt, da braucht man in schwereren Fällen schon ein Antibiotikum, und „Sinfrontal“ als Ergänzung (es hilft mir genauso gut wie „Sinupret“, ohne den Magen so zu belasten).

Unterboden-schutz für die Nase

Für **Heuschnupfengeplagte** gibt es jetzt ein Öl („Semaproline“), das man ganz hoch oben in der Nase auftupft – es „versiegelt“ die Nase gegenüber den Pollen und man ist symptomfrei (wenn auch nicht kuriert) – die geniale Erfindung eines Versiegelungsingenieurs!

Das „Milchbad“ bei aufkommender **Erkältung**. Es ist ein Tipp von meiner Yogalehrerin, erinnert an Kleopatras Badeexzesse und hilft wirklich, weil die Milch dem Körper über die Haut Giftstoffe entzieht. Lassen Sie sich ein Vollbad mit der Wassertemperatur 37 °C einlaufen (das ist nicht sehr warm). Geben Sie drei Liter H-Milch in das Wasser und legen sich acht Minuten hinein, sodass nur der Kopf herausschaut. Nicht länger baden! (= Küchenwecker stellen). Anschließend lauwarm abduschen und den Körper mit Johannisblütenöl einreiben (aktiviert den Kreislauf). Jetzt 30 Minuten im Bett entspannen.

Das Milchbad kann alle zwei Tage wiederholt werden.

Die liebe alte *Wärmflasche,* von vielen längst vergessen, kann einem durchaus gute Dienste leisten – bei Einschlafschwierigkeiten wegen kalter Füße (wobei hier auch ein Fußbad mit Dr. Hauschkas Salbei-Essenz Wunder tut!), bei verdorbenem Magen, bei Niedergeschlagenheit auch.

Wenn man sich das Wort „Erkältung“ anschaut, sieht man, woher es seinen Ursprung hat: Bei empfindlichen Menschen liegt oft eine Störung im Wärmehaushalt vor (Auftritt des Chors der Mütter mit dem bekannten Lied über den Segen der Wollunterhosen, -schals und -mützen …):

Als eines der Krokodile die Schnauze ganz dicht am Floß erhob, verlor er seine Besinnung und schlug dem Ungeheuer mit dem Ruder auf den Schädel. Da wurde es lebhaft. Schwänze peitschten gewaltig, Riesenrachen mit zweireihigen, messerscharfen Zähnen öffneten sich, und das Floß schaukelte hin und her. Mumin und Schnüferl klammerten sich am Mast fest und schrien um Hilfe.

Gerade da kam eine kleine Brise vom Land, das Floß glitt in die Strömung hinein und gewann an Geschwindigkeit. Die Krokodile verfolgten es mit aufgesperrten Rachen.

Schnüferl versteckte sein Gesicht in den Pfoten, und Mumin, der vor Schreck kaum noch wusste, was er tat, ergriff das Paket mit den Wollhosen und schleuderte es auf die Verfolger.

Sofort warfen sich alle Krokodile auf die Beute und zerrissen die Wollhosen in tausend Stücke. Sie kämpften so gewaltig, dass sie nicht merkten, wie das Floß weiterglitt, und als die Hosen aufgefressen waren, befanden sich Mumin und Schnüferl schon so weit weg, dass es keinen Sinn mehr hatte, sie zu verfolgen.

„Dank sei den Wollhosen", sagte Mumin. „Bist du jetzt zufrieden mit den mäßig großen Abenteuern?"

„Du hast auch geschrien", sagte Schnüferl.

„Tat ich das?", sagte Mumin. „ Das habe ich nicht gemerkt ... Auf jeden Fall hatte die Mutter Recht, wenn sie glaubte, dass man Wollhosen braucht."

Tove Jansson, Muminvaters wildbewegte Jugend, S. 204

Vorbeugen kann man mit gesunder Ernährung und viel Vitamin C in Stresszeiten. Unsicher bin ich mir über die Wirksamkeit von „Ecchinacin" – das muss man selbst ausprobieren.

You give me fever

Bei **Fieber**: Grundsätzlich ist Fieber nichts Schlechtes. Viele Ärzte bekämpfen es wie einen Feind: Sofort wird ein fiebersenkendes Zäpfchen verschrieben, dabei hilft es, „Angreifer" wie Viren und Bakterien im Körper zu „verbrennen". Natürlich gibt es eine Grenze. Wenn es zu hoch wird, würde ich zuerst *Wadenwickel* machen (Achtung: nur wenn Füße und Beine gut warm sind – **nie** bei kalten Füßen oder Frösteln – dann auch nicht bei hohem Fieber!!).

Legen Sie einen Schutz auf die Matratze – aber für den Wadenwickel dürfen Sie auf keinen Fall ein wasserdichtes Tuch um die Beine wickeln. Also: ein dünnes Leinentuch in kühles (nicht: eiskaltes) Wasser tauchen und gut auswringen. Vom Fuß aus das Bein bis zum Knie gut umwickeln, Moltontuch drum – als Schutz vor der Feuchtigkeit – darum ein Wolltuch. Dieser Wickel kann bei hohem Fieber alle 10 Minuten erneuert werden – er ist dann schon warm. Nicht mehr als dreimal hintereinander – dann mindestens eine halbe Stunde Pause. Falls bei der Behandlung die Füße kalt werden, sofort abbrechen.

Wenn Sie wegen einer Krankheit mit *Antibiotika* behandelt worden sind, sollten Sie nach der Therapie Ihre angegriffene Darmflora wieder in Ordnung bringen durch Mittel wie „Perenterol“ oder „Gastec 250“ – sind auch gut zur Therapie von Durchfällen.

Wenn Sie an einer Grippe oder Erkältung oder Halsinfektion erkrankt waren: Wechseln Sie danach die Zahnbürste gegen eine neue aus!

Man kann darüber lachen, aber mir helfen bei großer *Aufregung* „Rescue-Bachblüten-Tropfen“ – die gibt es in gut sortierten Apotheken. Vielleicht ist es die beruhigende Wirkung des Tropfenzählens, vielleicht ist die Wirkung rein psychisch – egal, mir hilft es.

Winterdepression, auch SAD genannt, tritt bei vielen Leuten in der dunkleren Jahreszeit auf. Deshalb viel rausgehen und die wenigen Sonnenstrahlen erhaschen, empfehlenswert sind auch Johanniskraut-Dragees (Apotheke) – sie steigern die Lichtaufnahme, allerdings muss man aufpassen: Die Haut wird bei Sonnenbestrahlung empfindlicher, und manche Leute sind allergisch gegen Johanniskraut. Zurzeit überlegt die Bundesregierung, *Johanniskraut* verschreibungspflichtig zu machen – so viel zu dem Einwand mancher Leute, dass Kräutermedizin nichts nützt (die bräuchten bloß an den berühmten Schierlingsbecher oder das Gift in Fingerhut zu denken – wobei Digitalis töten kann, in richtiger Menge aber wieder bei Herzkrankheiten hilft). Also auch im Pflanzenbereich keine riskanten Selbstversuche.

Zu viel ist ungesund

Selbst bei Kräutertees sollte man aufpassen: Manche sind wie Medikamente zu gebrauchen, nicht als ständiges Getränk (Pfefferminze für den Magen, Salbeitee zum Gurgeln bei Halsschmerzen – es gibt viele Bücher, die sich mit Kräuterteemischungen und ihren Wirkungen beschäftigen).

Nervosität und **Schlaflosigkeit** sind häufig ein Problem der Lebensführung. Achten Sie auf einen guten Rhythmus beim Schlafengehen (an dem Sprichwort „Der Schlaf vor Mitternacht ist der beste“ ist etwas Wahres dran, haben Schlafforscher herausgefunden – es hängt mit den wichtigen Tiefschlafphasen zusammen). Das *Schlafzimmer* sollte ein Ort der Ruhe sein – nicht ein erweitertes Büro. Ich empfehle die Verbannung möglichst vieler elektrischer Geräte aus dem Schlafzimmer: kein elektrischer Radiowecker, keine Stereoanlage, kein Fernseher – oder das Anbringen eines kleinen Geräts, das den Stromkreis nachts unterbricht (Netzfreischaltung). Oft wird auch geraten, im Bett nicht zu lesen. Ich gestehe: Das schaffe ich nicht. Ich brauche eine Viertelstunde das sanfte Plätschern eines nicht zu aufregenden Romans (empfehlenswert sind die Nero-Wolfe-Krimis von Rex Stout), dann nicke ich ein. Achten Sie darauf, dass Ihre Matratze richtig für Sie ist, dass Ihre Zudecke nicht nur warm, sondern auch lang genug ist. Ab 1,80 m Körpergröße leisten Sie sich eine 2,20- m-Decke – so sind die Füße nicht kalt, falls Sie sich die Decke zu den Ohren hochziehen.

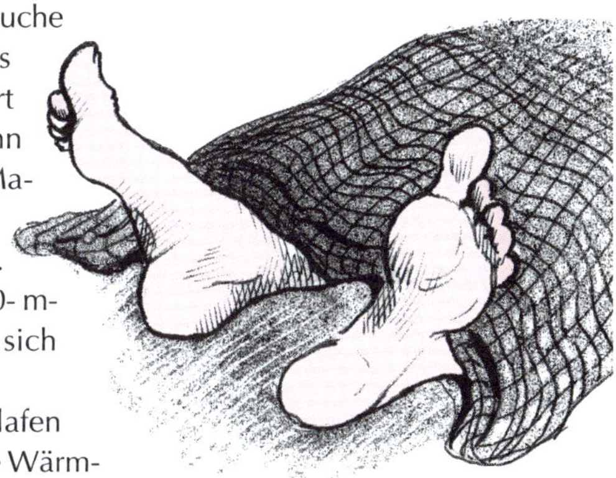

„... da bin ich um den Schlaf gebracht"

Da kalte Füße einen empfindlich am Einschlafen hindern können, legen Sie sich bei Bedarf eine Wärmflasche ins Bett. Ich halte absolut nichts von Schlaftabletten – sie machen nicht nur süchtig, sondern täuschen echten, erholsamen Schlaf nur vor. Sie können Baldriantropfen probieren (aber nicht gerade zum ersten Mal vor einer Prüfung) oder Kytta-Tropfen, ein rein pflanzliches Beruhigungsmittel – hilfreich kann eine Tasse Kamillentee sein (ja, lachen Sie nur: aber viele schlafen danach nach etwa 20 Minuten ein, daher ist das viel empfehlenswerter als die Tasse warmer Milch mit Honig! Etwas getrübt wird die Freude durch die Tatsache, dass man meist nachts einmal raus aufs Klo muss). Schäfchenzählen nützt bei mir nichts – wohl aber eine innere Gelassenheit, wenn ich denn mal nachts aufwache und auch wach liegen bleibe: ich mache Atemübungen im Liegen, Entspannungsübungen – und außerdem verbiete ich mir Panikgedanken wie „Oh, Mist – ich kann nicht schlafen, ich kann nicht schlafen! Dabei habe ich doch morgen einen ganz wichtigen Termin!" Ich denke stattdessen: Auch das Ruhen und Entspannen bringt meinem Körper Erholung.

Bei **Blasenentzündung** empfiehlt sich: viel trinken, möglichst einen löslichen Blasentee aus der Apotheke (der schmeckt mittlerweile ganz gut, nicht mehr wie der wirklich eklige Bärenblättertraubentee in meiner Kindheit). Unbedingt zum Arzt gehen, denn daraus kann sehr schnell eine unangenehme und langwierige Nierenbeckenentzündung werden. Sprechen Sie mit ihm. (Ich kann „Arctuvan“, „Cysto-Kapseln Fink“ und aus dem homöopathischen Bereich „Cantharis D4“ sehr empfehlen.)

In England gibt es jetzt ein wunderbares Mittel von Canesteen: „Oasis“, das man in Wasser auflöst. Es vertreibt das furchtbare Brennen beim Wasserlassen. Fragen Sie Ihren Arzt, ob es schon auf dem deutschen Markt erhältlich ist.

Männer haben wegen der längeren Harnröhre viel weniger Probleme mit Blasenentzündungen als Frauen (ihr Glücklichen!) – falls man eine Disposition dazu hat, empfiehlt sich das Trinken von Cranberry-Saft (Reformhaus) und darauf zu achten, nicht zu viel Salz zu sich zu nehmen.

Bei **Rückenschmerzen** hat mir ein Tipp von Deutschlands führendem Orthopäden Dr. Polonius (Simbach Klinik) sehr geholfen: Er legt seine Patienten, die einen Hexenschuss haben, auf eine Matte von Zhencidian.

Für Fakire

Diese Matte ist in der Apotheke frei verkäuflich (allerdings ist sie – für die paar Plastikteilchen – sehr teuer, um die 30 €). Sie besteht aus einer einfachen kleinen Plastikmatte, auf die man selbst in mühevoller Handarbeit kleine Rädchen schraubt, auf denen stabile Plastikzacken hoch stehen. Auf diese Matte legt man sich mit dem Kreuz (oder Nacken). „Die ersten zwei Minuten sind sehr unangenehm“, hatte mir Dr. Polonius geschrieben, „danach ist es ein Genuss.“ Na ja – bei empfindlichen Leuten stellt sich der Genuss erst später ein, denn zu Anfang piekst es schon sehr – aber das ganze Gebiet wird wunderbar durchblutet und durchwärmt. Wie bei der Akupunktur werden bestimmte Meridiane stimuliert, und ich habe mich so daran gewöhnt, dass ich häufig auf der Matte einschlafe (man soll mindestens 30 Minuten darauf liegen). Ausprobieren – mir hilft es, besonders, wenn ich sie gleich zu Beginn eines Ziehens im Kreuz einsetze. Und es erspart die „Hammertabletten“.

Ein paar Worte zum Schluss

Es gäbe noch so vieles, was ich in diesem Buch gern besprechen würde. Aber dann wird es zu unhandlich, und da Lachen gesund ist, will ich mich mit ein paar witzigen Tipps verabschieden, die ich (wirklich! ich kann das belegen!) beim Stöbern in einem Haushaltsratgeber der Siebzigerjahre fand:

- Da sollte man, wenn Salatblätter nass sind, aber gleich gebraucht würden, sie in einem Küchenbezug kurz in der Waschmaschine oder Wäscheschleuder trockenschleudern. Dieser Trick lohne sich bei großen Mengen Salat.
- Da sollte man, wenn man eine gute Fixierung fürs Haar suche, einen Gelatine-Wackelpeter im Lieblingsgeschmack verwenden und wie jeden geleeartigen Haarfestiger benutzen.
- Da sollte man, wenn man seine Kirschen im Garten lieber selbst essen wollte, statt sie den Vögeln zu überlassen, Salzheringe als Vogelscheuchen aufhängen.
- Da sollte man, wenn eine Wespe ins Haus gerät, sie mit Haarspray einsprühen, denn „die meisten Insektensprays erbosen die Tiere nur, während Haarspray die Flügel versteift ..."
- Espresso – Kaffee würde klarer, wenn man ihm zerkleinerte Schalen von rohen Eiern zufüge ...

Man glaubt es kaum ...

Welch wunderbare Tipps! Welche Mööööglichkeiten! Wie lustig wäre es gewesen, wenn ich Sie als Leserschaft auf diese praktische Weise, nämlich kurz mit Haarspray zwecks Bewegungsunfähigkeit eingesprüht und in meinen Bann geschlagen hätte – ich sehe Sie vor mir: die Frisuren mit dem Wackelpeter hochgegelt, hätten Sie da gesessen, an meinen Lippen hängend, ein Schälchen in der Waschmaschine geschleuderter Salat vor sich oder den klaren Espresso schlürfend, mit den wunderlichen Eierschalstückchen darin ...

Ach, nehmen Sie doch noch ein Schlückchen und blättern Sie in meinem Buch, wenn Ihnen Ihre Wohnung mal wieder wie das praktische Beispiel für die Chaostheorie vorkommt ...

Und räumen Sie auf!

Textnachweis

Seite 12: Ruth Rendell:
Some Lie And Some Die. In: The Third Wexford Omnibus. © 1994 by Arrow Books, Random House (Übersetzung der Autorin)

Seite 16, 53: Jill Tweedie:
Aus der Stille vor dem Sturm. München 1986 (vergriffen)

Seite 18: Carol G. Eisen:
Das Märchen vom perfekten Haushalt. © 1972 by Marion von Schröder Verlag (Econ Ullstein List)

Seite 22: Sarah Ban Breathnach:
Einfachheit und Fülle. Alle Rechte an der deutschsprachigen Ausgabe beim Wilhelm Goldmann Verlag, München, einem Unternehmen der Verlagsgruppe Random House GmbH

Seite 40: Thich Nhat Hanh:
Ich pflanze ein Lächeln. Alle Rechte an der deutschsprachigen Ausgabe beim Wilhelm Goldmann Verlag, München. Mit freundlicher Genehmigung des Verlages und der Agence Hoffman, München

Seite 50: Tove Jansson:
Herbst im Mumintal. In: Herbst und Winter. © 1991 by Arena-Verlag GmbH, Würzburg

Seite 59: Anne Perry:
Belgrave Square. © 1992 by Wilhelm Heyne Verlag GmbH & Co. KG, München

Seite 128: Barbara Pym:
Excellent Women. © 1987 by Penguin Books Ltd. (Übersetzung der Autorin)

Seite 150: Tove Jansson:
Komet im Mumintal. In: Muminvaters wildbewegte Jugend. © 1991 by Arena-Verlag GmbH, Würzburg

Register

A

Abflussreiniger 44, 46
Abflussrohr, verstopftes 46
Abiturientenberatung 94
Abschmecken 114, 119–121
Abtropfgestell 39
Abwaschen 19, 37–42
Abzieher 48, 49
Aerosole 45
Akten 23
Aktenordner 25
Allzweckreiniger 20, 33
Antibiotika 152
Armaturen 43
Aufräumen 20–26
Aufräummethoden 17
Aufstellbox (für Zeitschriften) 26
Auto 100–101
- Betriebskosten 100
- Festkosten 100
- Rücklage 101

B

Backofen 20
Badewanne 43
Badezimmer 42–46
Bakterien 34
Bank 102–107
Banksafefach 106
Bett 19
Bettwäsche 19
Bimsstein 45
Blasenentzündung 153
Blumenspritze 47
Brechreiz 149
Budgetberechnung 82–86
- Ausgaben, feste 83
- Ausgaben, flexible 83
Bügelbrett 63
Bügelfalte 66
Bügeln 61–67
- Hose 66–67
- Oberhemd 64–65
- Symbole 62
- Temperatur 62
Buntwaschmittel 57

C

Check: Ausgaben 87–88

D

Dampfbügeleisen 62
Dampfbügler 67
Dauerauftrag 85
Dreck 18
Duftsteine (Toilette) 44
Durchfall 149
Durchlauferhitzer 98
Duschkabine 43

E

Einkaufsliste 91, 116
- Muster 92
Einkommen, verfügbares 83, 85
Eischnee 130
Elektroherd 97, 113
Energiesparlampen 99
Energiespartipps 97–100
Erkältung 150
Erkrankungen 148–154
Erste Hilfe 146–147
Essensreste 41
Eurocheque 106

F

Feinwaschmittel 57
Fenster putzen 46–51
- Gefahren 49
Fensterreiniger 47
Fieber 151
Flecken 68–70
Fleckenarten 69
Fleckenbehandlung 68
Fleckensalz 57
Fleisch zubereiten 127–130
Fruchtfliege 35
Frühjahrsputz 11
Frühstücksei 131
Funktionsgruppe 32
Fusselbürste 73
Fußmatte 27

G

Gardinen 20
Gasherd 113
Geheimzahl 105
Geldautomat 103–104
Geldeinteilung 85
Gemüse
- Garmethoden 127
- lagern 121
- putzen/waschen 121
Gemüse zubereiten 121–127
- Blumenkohl 122
- Bohnen 122
- Brokkoli 122
- Chicorée 122
- Erbsen 122
- Fenchel 123
- Kartoffeln 123
- Kohlrabi 124
- Lauch (Porree) 125
- Möhren 125
- Zucchini 126
- Zwiebeln 126
Geschmacksverstärker 110
Girokonto 82, 102
Goldrand 42
Gummihandschuhe 33, 38, 40, 53
Gummiwischer 48

H

Halsentzündung 148
Handgepäck 76
Handwäsche 53
Hängemappe/-ordner 24–26
- Auto 25
- Bankzubehör 25
- Beruf 25
- Garantiekarten 24
- Gebrauchs-anweisungen 25
- Gesundheit 25
- Rechnungen 25
- Reise 25
- Steuerbelege 24
Hängeregistratur 24, 107
Hängeschrank 32
Hausapotheke 147–148
Haushaltsbuch 81–82
Haushaltsorganisation 13
Haushaltspapier 20
Heizung 99
Hemdkragen 58
Heuschnupfen 150
Holzfußboden 27, 29
Homebanking 25, 103

I

Impfpass 146
Impulskauf 101

K

Kalkentferner 45
Katalogbestellung 101
Kippen 21
Kleiderbügel 70
Kleiderpflege 70–74
- Hemd 70
- Hose 70
- Jackett 71, 75
- Krawatte 73
- Pullover 70
- Schuhe 73
Klemmhosenbügel 61
Knopf annähen 71–72
Kochen 118–143
- Maße in Rezepten 119
- Mengen pro Person 118
- mit Kräutern 120
Kochgeschirr 111
Koffer packen 74–77
- Adressanhänger 75
- Flugreisen 75
- Handgepäck (Bordcase) 76
Kokosmatte 27
Kräuter 120
Kredit 80
Kreditkarte 102, 104, 107
Kristallglas 42
Küche
- Hygiene 114–115
- Planung 116
- Vorräte 117
Küchenfußboden 32
Küchengeräte 110–114
- elektrische 113
Küchenhandtuch 39

Küchenreinigung 31–42
- Flecken 33
- Fußboden 32
- Hängeschränke 32
Küchenschürze 114
Küchenschwamm 39
Kühlschrank 20, 35–37, 97
- Eisfach 36
- Gemüsefach 36
- Lebensmittel lagern 36
- reinigen 35

L

Licht 99
Linoleum 27

M

Manschetten 58
Medikamente
- Lagerung 147
- Umverpackung 147
- Verfallsdatum 147
Mehlmotte 34
Mikrofasertuch 23, 49
Mikrowelle 113
Milchbad 150
Minimalempfehlungen 11
Monatsausgaben von Studierenden (Tabelle) 84
Mundschleimhautentzündung 149

N

Natriumglutamat 110
Nebenhöhlenentzündung 149
Nervosität 152
Neutralreiniger 20, 34, 45
Notdienstkalender der Apotheken 146
Notrufnummern 146
Nudeln 131

O

Ökofleisch 128
Ordnung auf dem Schreibtisch 23–25

P

Papierkorb 24
Perlmuttknöpfe 71
Pflegeetikett 52, 60
Pinnwand 24
Polsterdüse 23
Procrastinator-Technik 12

R

Reinigung, chemische 59–60, 73
Reinigungsmittel 44–45
Reis 131
Reisegrundausstattung 76
Rezepte 133–143
- Gefülltes Stangenweißbrot 142
- Hasselback Potatoes 140
- Minestrone 136
- Mousse au chocolat 143
- Pizza Margherita 137
- Pommes Anna 140
- Ratatouille 141
- Saltim Bocca 139
- Soßen 133–136
- Wiener Schnitzel 139
Rückenschmerzen 154
Rührei 131

S

Salat 115
Salatsoße 135
Salmonellen 115
Schädlinge 34
Scheck 104–106
Scheckkarte 104–105
Scheuerpulver/-sand 34, 45
Schlaflosigkeit 152
Schlaftabletten 153
Schonwaschgang 56
Schrubber 33
Schuldnerberatung 80
Schwammtuch 20, 22, 47
Shampoonieren, Teppich 30
Sonderangebote 89

Soßen zubereiten
133–136
- helle Soße 135
- Salatsoßen 135
- Sauce Bolognese
134
- Tomatensoße 133
Sparbuch 86, 103
Sparkonto 82
Sparmaßnahmen
87–102
- Ausverkauf 94
- Auto 100
- Energieverbrauch
95–100
- Freizeit 93
- Lebensmittel 90
- Preisvergleich 94
- Reisen 93
- Restaurantbesuch
92
- Versicherung 95
Spiegel 43, 49
Spiegelei 131
Spinnweben 20
Spülbürste 39
Spülen 37–42
Spülmaschine
19, 41–42, 97
Spülmittel 39
Stand-by-Funktion
100
Staubsaugen
19, 22, 23
Staubsaugerbeutel 30
Staubwedel
22, 26–31
Stromrechnung 96
Stromverbrauch 96
Swiffer-Tücher 20

T

Tätigkeiten,
notwendige 19–20
Teppichboden
19, 27–28
Teppichfleck 31
Teppichreinigung 30
Toilettenreinigung 43

U

Übelkeit 149
Überweisung 104
Unordnung 18

V

Verantwortung 8
Verbraucherberatung
81, 94
Verstopfung 149
Vollwaschmittel 55
Vorräte 34
- nützliche 117

W

Wadenwickel 151
Waschbecken 43
Wäsche 19, 51–61
- Baumwolle 55
- Buntwäsche 57
- Chemiefaser 56
- Handwäsche 53
- Kochwäsche 56
- Leinen 56
- Seide 55
- Wäschesack 51
- Waschmittel 57
- Wolle 52
Wäschetrockner
54, 56, 60, 98
Waschmaschine 97
Wasserverbrauch 98
WC-Reiniger 44
Wegwerfen 9
Weichspüler 58
Werksverkauf 94
Winterdepression
152
Wischmopp 33
Wochenplan für das
Essen 90
Wollwaschgang 52
Wollwaschmittel 52
Würstchen, heiße 132

Z

Zeitfaktor 11–13
Zettelkastensystem 16
Ziehklinge 48
Zubereitung
(s. auch Rezepte)
- Eier 131
- Fleisch 127–130
- Gemüse 121–127
- Soßen 133–136